Silber
Gold **Bronze**

Bei Olympia und
Weltmeisterschaften
alle drei Medaillen
gewonnen: Dieter Thoma

IMPRESSUM

DIE AUTOREN

Herausgeber

Verlag wero press, Anne Kauer,
Steinbruchweg 22, 79292 Pfaffenweiler.
1. Auflage, März 1998

Fotos

Christian Mühlich, Allershausen, Fotoagentur GES,
Karlsruhe, Fotoagentur Baumann, Ludwigsburg,
Foto Michael Heuberger, Schutterwald, Scan-Foto,
Oslo, Gemeinde Hinterzarten, Hinterzarten,
Fa. WeberHaus, Linx, privat.

Gestaltung, Satz und Layout

Anne Kauer, Verlag wero press
Michael Pieper, Köln

Projekt, Anzeigen- und Druckbetreuung

Verlag wero press, Anne Kauer

Druck und Verarbeitung

Poppen & Ortmann, Druck und Verlag KG,
Unterwerkstr. 5, Freiburg

ISBN 3-9805991-0-8

Die deutsche Bibliothek - CIP Einheitsaufnahme

© by Verlag wero press, Anne Kauer

wero press

Werner Kirchhofer, Jahrgang 1927, Sport-Journalist
seit 1946. Berichtete über neun Olympische Winter-
spiele und zwölf Nordische Skiweltmeisterschaften, 31
Holmenkollenspiele. Chefredakteur der Zeitschrift Ski,
Redakteur der Badischen Zeitung. Seit 1992 freier
Journalist.

Hans-Reinhard Scheu, Jahrgang 1947, Chefreporter
beim Südwestfunk. War zuletzt in Nagano „hautnah"
bei den Springern dabei und schrieb für dieses Buch
die Texte über die drei Wettbewerbe. Gilt immer bis
ins Detail vorbereitet. Diverse Journalistenpreise.

Oskar Beck, Jahrgang 1949, freier Journalist. Arbeitet
als Reporter und Kolumnist für namhafte Zeitungen
und Zeitschriften. Diverse Journalistenpreise. Zuletzt
Autor des Buches „Stuttgart kommt, Der VfB".

Martin Hägele, Jahrgang 1951, arbeitet als freier Journalist für renommierte Blätter wie Süddeutsche und
Neue Zürcher Zeitung. Buchautor. Diverse Journalistenpreise. War Augenzeuge der Olympischen Spiele
in Nagano.

Frank Nägele, Jahrgang 1961, Sportredakteur des
Kölner Stadtanzeigers. Er beobachtete die Spiele von
Nagano vor Ort. Schrieb zuletzt den Roman „Der
Trainer...oder die andere Seite des Fußballs".

Joachim Hahne, Jahrgang 1957, betreibt seit 1992 ein
Medienbüro für Text, Bild und Ton in Hinterzarten.
Berichtete unter anderem über Olympia in Lillehammer
und zehnmal von der Vier-Schanzen-Tournee.

Dieter Maurer, Jahrgang 1947, freier Journalist. Viele
Jahre Redakteur der Badischen Zeitung. Berichtete
über nationale und internationale Skiveranstaltungen.
Aktiver Skisportler. Mit seinem Heimatort Hinterzarten
eng verbunden.

Fotonachweis
Titelfoto: Christian Mühlich
C. Mühlich: Seiten - 6/7 (5), 55, 62/63, 74/75 (2), 77, 86/87, 89, 90/91, 92/93, 94, 96, 100, 127.
GES: Seiten - 9, 14, 15 (2), 16, 27, 34/35, 36/37, 38/39 (3), 40/41, 43, 45, 46, 51, 53, 194, 195, 196, 199.
Baumann: Seiten - 60 (1), 64/65 (2), 68/69, 71, 72, 78, 79, 80, 107, 113, 115, 116, 117, 118/119, 120 (3), 128/129, 130, 139, 141.
Scan-Foto: Seiten - 81, 83.
Heuberger: Seiten - 105, 134, 180/181.
Privat: Seiten - 14, 56 (2), 57 (2), 58 (2), 59, 60 (2), 61, 66/67, 70, 71 (2), 76, 84/85, 102, 106, 108, 109, 110/111, 131, 132/133, 135, 137,
144, 146, 149, 151, 153, 154, 155, 156, 157 (2), 159, 160/161 (10), 162/163 (7), 164/165 (3), 166/167, 168, 169, 171, 173, 183, 186.

Dieter Thoma

Der Feuerkopf

Gold, Silber, Bronze

Inhaltsverzeichnis

Dieter Thoma
- oder eine Karriere
in fünf Fotos.
Großes Bild: 1989 in
Oberstdorf. Rechts
von oben nach
unten: 1991 und 1992
in Oberstdorf, 1998 in
Bischofshofen. Links:
1996 in Berchtesgaden.

Für Ihre Hausapotheke

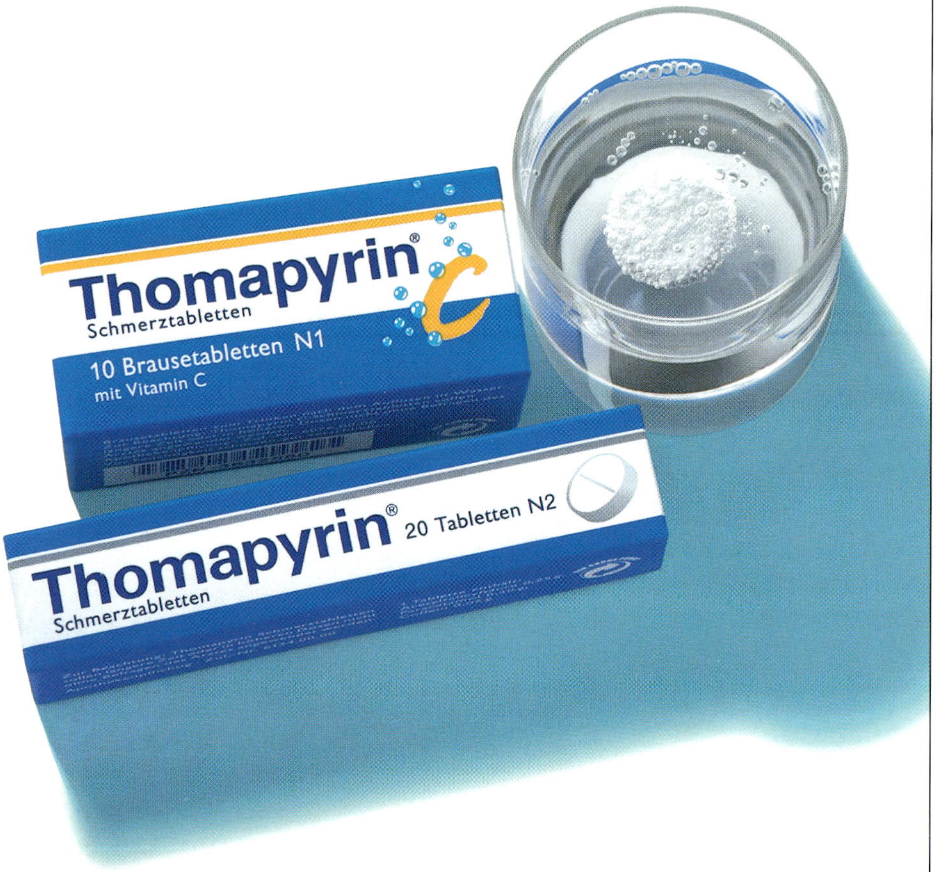

Thomapyrin®
Schmerztabletten

Boehringer Ingelheim Pharma KG, Vertriebslinie Thomae, Biberach an der Riss

Kapitel 1

Kleine Zimmer, kaltes Essen,
Materialprobleme, Wetterkapriolen,
insgesamt widrige Bedingungen.
Dieter Thoma schildert in seinem
Tagebuch seine Eindrücke von den
Olympischen Spielen. Die für ihn nach
drei Wettbewerben doch ein Happy-End
brachten: Mit der Silbermedaille
bestandenThoma und das Springerteam
erfolgreich das Abenteuer Nagano 1998.

Olympia
Tagebuch Wettbewerbe

Mein Olympia-Tagebuch

Von Dieter Thoma

Montag, 2. Februar:

Wir sind auf dem Weg nach Sapporo zum Weltcup und hoffen, noch einmal den Vergleich mit der Weltspitze zu haben. Kurz vor den Olympischen Spielen ist das wichtig. Wir freuen uns darauf. Da wir glauben, innerhalb Japans auch bei den Schanzen ähnliche Bedingungen anzutreffen wie später bei Olympia, ist dies nochmals eine gute Vorbereitung.

Donnerstag, 5. Februar:

Sapporo und der Weltcup sind eigentlich wie immer: unterschiedliche Windbedingungen. Nach dem ersten Durchgang bin ich Zwölfter und springe mich dann auf den sechsten Platz vor - mit dem zweitbesten Punktwert. Es ist eigentlich schade, aber letztendlich muß ich zufrieden sein, daß ich noch so eine Plazierung erreicht habe. Bei anderen Springern geht es wegen der schlechten Windbedingungen zum Teil richtig „den Bach runter". So gesehen, hab' ich richtiges Glück mit meiner Plazierung. Ich bin guter Dinge, ich fahre mit Selbstvertrauen nun zu den Olympischen Spielen.

Freitag, 6. Februar:

Von Sapporo fliegen wir nach Tokio. Von Tokio nach Nagano fahren wir mit dem Bus, der völlig unnötig gleich zweimal Halt macht. In Nagano müssen noch Formalitäten erledigt werden. Nach einem zwölfstündigen Japan-Trip kommen wir in Hakuba an und erleben dort gleich eine negative Überraschung, als wir das Hotel sehen, das im Sommer für uns ausgesucht wurde. Ich vermute, daß die dafür Verantwortlichen lediglich mit einer Badehose hier angereist sind, denn anders ist nicht zu erklären, wie man allen Ernstes geglaubt hat, daß wir mit je drei Taschen und acht Anzügen zu zweit in diesen winzigen Räumen hausen können. Die Betten räumen wir selbst hoch, nachdem wir eine „zweite Etage" erspäht haben, die mit einer Art Hühnerleiter zu erklimmen ist. Als wir die Betten wegrücken, trifft uns heute zum zweitenmal der Schlag. Liegen doch da leere Kondomschachteln, Haare, alte Schuhe und sonstiges Zeug herum. Wir besorgen uns einen Staubsauger, machen sauber - das ist kein erfreulicher Ankunftstag.

Samstag, 7. Februar:

Der erste olympische Tag: 6.30 Uhr Aufstehen, 7.15 Uhr Abfahrt nach Nagano - ins olympische Dorf. Eine Fahrt von rund einer Stunde. Hier treffen wir viele Bekannte, die wir eigentlich immer nur bei solch internationalen Anlässen zu Gesicht bekommen. Wir haben gleich viel Gesprächsstoff und es geht richtig hoch her beim gemeinsamen Mittagessen nach der Eröffnungsfeier. Danach machen wir das Krafttraining der jamaikanischen Bobfahrer mit, mit denen wir sehr viel Spaß haben. Die kräftigen Athleten bewundern meine Sprungkraft und einer will meinen imitierten Hocksprung nachmachen. Das sieht dann schon zum Totlachen aus. Bevor wir wieder in unsere „Baracke im Busch" zurückkehren, trinken wir noch einen Kaffee in der „Zivilisation". Dieser wunderschöne Tag geht mit der Enttäuschung über unser eigenes Quartier zu Ende.

Sonntag, 8. Februar:

Wir haben das erste Training hinter uns. Wie erwartet: wechselhafte Windbedingungen. Ich bin immer unter den ersten Fünf. Von daher bin ich zufrieden. Wegen des heftigen Schneefalls entscheidet Reinhard Heß, den letzten Sprung wegzulassen. Im Hotel begnügen wir uns mit dem, was es zu essen gibt, danach spielen wir Fußball im

Schneesturm - da kommt Freude auf. Anschließend werden die Skier gerichtet, Fragebögen ausgefüllt und Grußkarten unterschrieben. Nachdem wir endlich einen Sportkanal im TV gefunden haben, können auch wir im Fernsehen die Olympischen Spiele verfolgen. Mit dem schlechten Hotel beginnen wir uns langsam abzufinden, wir trösten uns mit den guten Seiten. Immerhin entfällt der lange Weg aus Nagano hier heraus. Und, wenn das mit den Schneestürmen so weitergeht, braucht man von Nagano nach Hakuba bestimmt viel länger als eine Stunde. Vorteil für uns - man wird ja bescheiden.

Montag, 9. Februar:

Training kleine Schanze ist angesagt, das heißt: aufstehen um kurz nach sechs.
Weil morgens die Witterungsbedingungen besser sein sollen, ist unser Training recht früh angesetzt worden - zur Wettkampfzeit. Es reicht trotzdem nur für einen Sprung, weil das Wetter nicht besonders ist: starker Schneesturm mit Wind von der linken Seite. Dann gehen wir wieder ins Hotel zurück und bekommen kaltes Essen serviert. Am Mittag geht's per Bus nach Nagano, um in der Halle Fußball zu spielen. Danach Krafttraining, um in der Muskulatur Spannung aufzubauen. Wir nutzen die Gelegenheit und machen noch einen Abstecher ins „Deutsche Haus". Eigentlich wollten wir nur endlich mal gut essen und uns mit ein paar Sportlern unterhalten. Aber es sind so viele Journalisten da - wir kommen aus dem Reden gar nicht mehr heraus.

Dienstag, 10. Februar:

Heute können wir ausschlafen, das Training ist erst für den Nachmittag angesetzt worden. Endlich scheint die Sonne - ein Supertag! Wir absolvieren drei Sprünge. Seitenwind von vorne links, was mir nicht so liegt, weil ich mit dem linken Ski immer das Problem habe, daß der am Anfang ein bißchen zu flach rausläuft. Der erste Sprung ist nicht toll, 83 Meter. Der zweite ist eigentlich optimal gelaufen, aber irgendwie komme ich ein bißchen schief weg und muß „abrudern", genau wie Harada vor mir. Der letzte Sprung ist mit 88 Metern zufriedenstellend. Wir laufen locker aus. Ich lasse mich gegen meine Kreuzschmerzen massieren. Danach flippern wir noch ein wenig.

Mittwoch, 11. Februar:

Der erste Wettkampftag. Um 6.00 Uhr heißt es aufstehen, weil wir schon um 7.15 Uhr an die Schanze fahren. Um 8.30 Uhr Probedurchgang, um 9.30 Uhr Wettkampfbeginn. Strahlender Sonnenschein - ein Supertag! Optimale Windbedingungen. Man kann es sich nicht besser vorstellen. Alle sind wir super motiviert. Der erste Durchgang. Ich bin sehr nervös. Ich will zeigen, daß ich „mit dabei bin". Ich bin dran. Der Anlauf ist sehr gering. Meine Geschwindigkeit beträgt nur 79 km/h. Bei solch einer niedrigen Geschwindigkeit fehlt einem die richtige Selbsteinschätzung. Ich denke, der Sprung ist gar nicht so schlecht, aber irgendwie „lupft" es mich gar nicht raus wie sonst immer. Ich springe 84,5 Meter, fünf Meter zu wenig für eine Medaille, ein Strich nur - aber die ganze Welt. Schade. Ich weiß nicht, woran es liegt. Wir tappen im Dunkeln. Der zweite Durchgang. Die Chancen auf eine Medaille sind weg. Es bleibt die Hoffnung auf einen Aufwind, der mich weit hinausträgt - einen Übersprung machen läßt. Sie erfüllt sich nicht. Die Bedingungen bleiben gleich, gleichbleibend normal. Der zweite Sprung endet sogar nur bei 83,5 Metern. Zweimal zeige ich einen schönen Telemark, der aber bei Olympia nicht zur Diskussion steht - jetzt fehlen die Meter. Platz 13 zum Schluß. Ich bin natürlich nicht zufrieden - es war nicht mein Tag. Sei's drum. Gegen den Frust fahren wir den ganzen Nachmittag über traumhafte Buckelpisten Ski, und das ist das Beste, was wir machen können. Nach Glühwein auf dem Heimweg und ein paar Bierchen mit Andi Felder nach dem Abendessen setze ich meine ganze Hoffnung auf die Großschanze, hake diesen blöden Tag ab.

Donnerstag, 12. Februar:

Der Tag nach dem Flop. Das Wetter ist umgeschlagen - es schüttet wie aus Kübeln.

Wir machen Pause vom Springen, wir trainieren heute nicht. Mittags spielen wir ein bißchen Fußball. Solch einen Tag braucht man auch einmal.

Freitag, 13. Februar:

Training an der Großschanze. Wieder tolles Wetter. Es werden sogar vier Trainings-sprünge angeboten. Drei Sprünge absolviere ich. Von der Weite her bin ich gut dabei und bin zufrieden und optimistisch. Den anderen im Team geht es ebenso. Wir fahren in die Olympische Halle nach Nagano, trainieren Schnellkraft und gehen danach zum „Athleten-Abend" ins „Deutsche Haus", ein Abend, an dem keine Journalisten zuge-lassen sind. Wir geben lediglich im Studio einige Interviews und surfen dann im Internet-Cafe, unterhalten uns mit anderen Athleten und verleben einen tollen Abend.

Samstag, 14. Februar:

Nur noch zwei Tage vor dem Wettkampf auf der Großschanze. Es beginnt zu krib-beln. Erneut schlägt das Wetter Kapriolen - ein Wintergewitter tobt am Berg, es schüttet wie aus Eimern. Wir sind umsonst zum Training gekommen, es wird abgesagt. Vor dem Wettkampf hatten wir nur ein Training an der Großschanze, in dem wir die Bedin-gungen testen können, ein bißchen wenig. Der Mittag verläuft ruhig - fast langweilig.

Sonntag, 15. Februar:

Wettkampftag Großschanze. Früh aufstehen. Ich bin bis in die Haarspitzen motiviert. Ich habe noch neue Anzüge bekommen, weil die anderen zu eng geschnitten sind. Ein Anzug ist weiß. Ich denke, daß das das „Multigerät" schlechthin ist. Kein anderer hat einen weißen Anzug. Super, den ziehe ich an. Es schneit zum Teil sehr stark. Meine Anlaufgeschwindigkeit im Probelauf ist denkbar langsam. Fast drei Stundenki-lometer fahre ich hinterher und habe keine Chance. Nur 101 Meter. Ich schiebe die geringe Geschwindigkeit auf den neuen Anzug und tausche ihn für den nächsten Sprung, den des ersten Durchgangs, gegen den anderen neuen, den ich noch nie getestet habe, der aber schnell sein soll, was von Martin Schmitt bestätigt wird, der schon damit gesprungen ist. Der Schneefall wird immer stärker. Meine Anlaufge-schwindigkeit ist wieder viel zu langsam, und ich lande bei 114 Metern. Der Wachser klärt mich auf: der trockene Schnee macht den Ski so langsam. Wir haben ein Wachs-problem. Auch der Belag ist ein Nachteil für mich. Er ist ganz weich, er ist zwar verdammt schnell auf nassem Schnee, nicht aber auf dem hier vorhandenen trocke-nen Schnee. Jetzt versuche ich es für den zweiten Durchgang mit einer anderen Wachsung. Es bringt etwas. Ich habe ein bißchen mehr Aufwind, springe 128 Meter und bin im zweiten Durchgang Sechster - Gesamtplazierung Rang zwölf. Leid tun mir auch die anderen aus unserem Team, die allesamt abgeschlagen sind. Daß ausge-rechnet hier bei Olympia alle Widrigkeiten zusammenkommen und wir so langsam waren! Vielleicht ein Fingerzeig, daß wir nicht genug getestet haben. Aber vielleicht auch eine Motivation, daß wir uns jetzt noch mal zusammenreißen müssen fürs Mannschaftsspringen. Wir besprechen die Lage im Hotel und sind uns einig, daß wir uns nicht aufgeben und die eine Chance, die uns noch bleibt, nutzen werden. Wir beschließen, auf unsere alten, auf die bewährten Anzüge zurückzugreifen. Denen vertrauen wir. Den Tag beschließen wir mit einem Bier, um etwas besser zu schlafen.

Montag, 16. Februar:

Gutes Trainingswetter. Ich packe den neuen Ski aus, den grünen. Und ich habe gleich ein viel besseres Gefühl. Die Anlaufgeschwindigkeit ist viel höher, die Weiten sind bemerkenswert. Auch die anderen im Team haben Erfolgserlebnisse und wir sind guten Mutes, da wir nun zu glauben wissen, woran es liegt. Mittags Auslaufen, dann Ausruhen, dann Massage, die mir gut tut, da ich schon während der gesamten Olym-pischen Spiele eine fieberhafte Erkältung mit Husten und Schnupfen mit mir her-umschleppe, die ich aber dank der Behandlung unseres Arztes mit homöo-pathischen Mitteln und dank Thomapyrin C gut im Griff habe.

Dienstag, 17. Februar:

Wettkampftag Mannschaftsspringen. Trotz der Negativpresse in Deutschland sind wir motiviert. Starker Schneefall und Wind. Kein Probedurchgang. Der letzte Test wird uns nicht gegönnt. Mit halbstündiger Verspätung geht's dann los. Ich sitze unten in der Kabine und bekomme mit, daß Hanni ein guter Sprung glückt. Das gibt Mut. Ich ziehe mich langsam um und fahre hoch. Oben am Turm steht ein Fernseher und ich sehe, wie Martin Schmitt patzt. Ich denke, was soll's - jeder muß zweimal runter. Nach Jacksons Sprung im dichten Schneetreiben liegen wir auf Platz vier. Ich weiß, daß es jetzt an mir liegt. Ich versuche, mich voll zu konzentrieren und springe uns mit 130 Metern auf Platz zwei und bin sehr zufrieden. Es ist unklar, ob der Wettkampf wegen des starken Schneefalls abgebrochen wird. Der zweite Durchgang wird jedenfalls wieder einmal verschoben. Wenn jetzt Ende wäre, dann hätte Österreich Gold, wir Silber und die Norweger Bronze. Japan wäre nur Vierter. Ich bin sicher, daß der Wettkampf deswegen fortgesetzt wird.

Nach einer halben Stunde geht es tatsächlich weiter, wieder Abbruch, wieder Neubeginn des zweiten Durchgangs. Hanni verteidigt mit seinem guten Sprung den zweiten Platz, Martin Schmitt auch, und nach Jacksons Sprung sind wir immer noch Zweiter mit gutem Vorsprung auf Österreich. Die Japaner hatten sich zwischenzeitlich auf Platz eins gesprungen. Nach Widhoelzls 136 Metern will ich noch einen draufsetzen, will die 130 Meter, will mit dem Kopf durch die Wand. Ich springe den Sprung etwas zu scharf an, ein bißchen zu viel nach vorne und nehme zu wenig Höhe mit, komme wahnsinnig flach in den Hang und denke, daß ich gleich aufkomme und ziehe alles raus, was es rauszuziehen gibt - ich glaube, mein Körper wird Zentimeter für Zentimeter länger in diesen Augenblicken - und ich schaffe es gerade noch so auf 120,5 Meter - eigentlich eine ganz gute Weite.

Ich weiß nicht, wieviel Vorsprung wir auf die Österreichern haben und wie weit uns mein Sprung nach Widhoelzls 136 Metern zurückgeworfen hat. Ich schaue bange auf die Anzeigetafel und sehe die 1. Das ist Wahnsinn! Wir sind Zweiter! Ein enormer Druck fällt von uns allen ab. Wir feiern. Im Hotel reicht es gerade noch für ein Glas Sekt. In einer Dreiviertelstunde muß das Gepäck schon zum Flughafen und wir zur Siegerehrung. Die Trainer packen unsere Ski zusammen, wir duschen. Eine brutale Hektik. An Feiern ist nicht zu denken. Wir werden abgeholt zur Siegerehrung in Nagano. Eine solche Begeisterung wie auf den Straßen und im Stadion habe ich noch nie erlebt - selbst in Lillehammer nicht. Wie Rockstars kommen wir uns vor.

Im „Deutschen Haus" gibt es noch Essen, Interviews und ein bißchen Feiern bis um halb zwei in der Nacht. Dann kommt der Bus, und wir fahren zum Flughafen. Im Bus schlafen wir alle ein. Nach sechs Stunden sind wir in Tokio am Flughafen, frühstücken bei Mc Donald und checken ein. Im Flugzeug erwarten uns wieder unsere engen Sitze in der Touristenklasse. Trotz des hohen Stellenwertes des Skispringens bei den Fans werden wir im eigenen Lager sehr niedrig gehandelt - im Gegensatz zu den Alpinen, die immer Business Class fliegen und sogar ihren eigenen Koch in Japan dabei haben.

Wir haben keinen Direktflug, landen in London zwischen, haben zwei Stunden Aufenthalt und fliegen weiter nach München. Zwei Gepäckstücke fehlen. Wieder Aufregung. Die Taschen gehören Hanni und Wolfgang Steiert. Um 21 Uhr sitzen wir dann endlich im Mannschaftsbus. Wir wechseln uns beim Fahren ab, weil wir doch alle ziemlich müde sind. Ich fahre die letzten 100 Kilometer und könnte eigentlich ewig weiterfahren, weil ich jetzt den Jetlag überwunden habe.

Donnerstag, 19. Februar:

Ich bin wieder daheim und werde von Nicki geweckt, der erst stutzt, als er ins Schlafzimmer kommt, weil er mich da nicht erwartet hat. Er kommt dann aber ganz schnell in meinen Arm, und das ist das Schönste nach diesen langen drei Wochen. Einen Tag später ruft schon wieder die Pflicht - eine angenehme: Im Kurhaus von Hinterzarten steht unser Empfang auf dem Programm.

Am Anfang stand die Enttäuschung

Die „Adler" fliegen hinterher - Thoma bester Deutscher auf Rang 13

Blick auf Nagano - bei klarer Sicht.

Blick auf die Sprungschanzen - bei schönem Wetter.

Irgendetwas machen sie falsch, die olympischen Halbgötter vom IOC und ihre auserwählten Organisatoren der 18. Olympischen Winterspiele in Nagano. Die Eröffnungsfeier ist schon fast eine Stunde alt, im gleißenden Licht des Minami-Sportparks tanzen sich gerade Heerscharen liebenswerter Kinderlein unter asiatischen Pling-Plong-Klängen in die Herzen der Zuschauer - die Hauptdarsteller aber stehen immer noch draußen vor der Tür.

Das Olympische Feuer wird entzündet.

Fröstelnd und ein bißchen frustriert erwarten sie Punkt 16 des Ablaufplans, ihren Auftritt, ihren Einmarsch zum Olymp. Obwohl manch einer lieber nach den Reisestrapazen die Füße hochgelegt hätte statt sie sich in den Bauch zu stehen, ist es ganz schön eng in der „Athlets Preparation Area". Und die oft gepriesene Völkerverbindung unterbinden - leider - ganze Rudel übereifriger japanischer Voluteers, die ständig ordnen, was gar keiner Ordnung bedarf.

Mittendrin im stattlichen Troß deutscher Athleten harren auch unsere fünf Skispringer und ihre Trainer der Dinge. Obgleich hundemüde vom „Umweg" Sapporo, dem Weltcup-Wettbewerb des Vortages (Thoma wurde Sechster), wollte keiner das Zeremoniell schwänzen. Wer weiß, wie oft man noch Olympia erleben darf. Für Dieter sind es zwar schon die vierten Olympischen Spiele, aber in Albertville und Lillehammer verhinderten Wettkämpfe eine Teilnahme an der Eröffnung. Nur vor zehn Jahren in Calgary war er leibhaftig dabei. Was Wunder, daß einer, der damals Achtzehn war, die kanadischen Cowboydarbietungen in besserer Erinnerung behalten muß als Nagano; allein schon, weil den Sportlerinnen und Sportlern

1988 ein biß-chen mehr Über-blick gewährt wurde als 1998. Endlich reinge-lassen, dienen sie den Japa-nern nämlich eher als Boden-personal, um nicht zu sagen Bodendecker denn als Mittel-punkt für die Show. Aber über-haupt einzumar-

Japan und die Tradition: Sumo-Ringer bei der Eröffnungsfeier.

schieren, dabeizusein bei Olympia, das ist schon ein erhebendes Gefühl und läßt auch das Herz durchtrainierter Niederfrequenzler höher schlagen. Während Michael Wagner, dem sechzehnjährigen Küken im Nest der Schwarzwaldadler, die Augen überlau-

fen, bilanziert Fünf-Ringe-Routinier Tho-ma trotz herzlichen Wiedersehens und Smalltalk mit olympischen Wieder-holungstätern wie Hegen und Hackl nüchtern und knapp: „Gut amüsiert, das Programm ziemlich nostalgisch, die Oper zu lang."

Einmarsch der deutschen Mannschaft - auch Dieter Thoma nahm an der Eröffnungsfeier teil.

Weil die Mannschaft längst erkannt hat, daß im 50 Kilometer entfernten Gebirgsdorf Hakuba der Hund begraben liegt, nutzt sie den Tag in Nagano weidlich. Erst schnuppern alle gemeinsam das Flair des olympischen Dorfes, dann geht's zur Arbeit: Krafttraining zusammen mit den Bobfahrern aus Jamaika; die schwarzen Kolosse stemmen zwar ein paar Kilo mehr als unsere Skispringer-Leichtgewichte, aber Dieters Hocksprünge nötigen den Kleiderschränken schon höchsten Respekt ab. Anschließend Besuch im „Deutschen Haus", einem Tempel, der für zwei Wochen zur Begegnungsstätte von Athleten, Funktionären und Journalisten (letztere besonders zahlreich vertreten) umfunktioniert wurde.

Nach einer Woche Japan (erst Sapporo, dann Hakuba) schmecken Steak und Bier - in Maßen, nicht Maßkrügen, ebenso gut wie Gespräche mit Dritten gegen Lagerkoller und Langeweile.

„Wir wären gerne noch ein bißchen geblieben", jammert Thoma als Sprecher der Schwarzwald-Connection noch am nächsten Tag, „aber der Kleene mußte halt ins Bett!"

Der Kleene - das ist Michi Wagner, der „wirklich gut zu uns paßt, ganz okay ist", der aber auf Geheiß seiner Eltern den Abend eben doch um einiges eher beschließen muß als die volljährigen Männer aus dem Schwarzen Walde. Von wegen Mehrheitsentscheidung, aber Wolfgang Steiert hat kaum Probleme, seinen Jungs die Vernunftslösung beizubringen, die da heißt Heimfahrt.

Bis sie zu Hause in Hakuba angekommen sind, sind alle hundemüde. Wie tot sinken Dieter und Hanni ins Bett. Mehr als die Hälfte der Klamotten ist noch in den überdimensionalen Taschen verstaut, dabei sieht das „Untergeschoß"

des Sechs-Quadratmeter-Mini-Apartments jetzt schon aus wie eine Mischung aus Umkleidekabine und Kleiderkammer. Die nagelneuen Springeranzüge baumeln gar draußen im Flur an den kristallenen Lüstern. Ein skurriles Bild! Aber geklaut werden sie nicht. Erstens sind Japaner bekanntermaßen ehrliche Menschen und zweitens steht unten am Treppenaufgang rund um die Uhr ein treuer Wächter. Ein selten langweiliger Job: von früh bis spät Bückling für Bückling wie es sich für Japaner geziemt, ob der Sprachbarriere allerdings ohne ein einziges Wort der Verständigung.

Das Hotel „Sun Valley" in Hakuba , für zwei Wochen Heimat aller nordischen Olympioniken des Deutschen Ski-Verbands, ist nicht gerade ein Luxusschuppen. Außen eine Mischung aus Jahrhundertwende à la Grindelwald und Fachwerkhaus, drinnen leicht angestaubt - und das im wahrsten Sinne des Wortes, denn unter den Betten haben die beiden Hinterzartener erst mal nebst einer Kondomschachtel, Wollmäuse und Haare satt hervorgeholt, ehe sie sich lang machten auf ihrer kurzen Lie-

Dieter Thoma: Springen von der kleinen Schanze.

Zuschauerzahlen der Olympischen Winterspiele		
1924	Chamonix	10.044
1928	St. Moritz	39.832
1932	Lake Placid	78.310
1936	Garmisch	543.155
1948	St. Moritz	59.037
1952	Oslo	533.413
1956	Cortina d'Ampezzo	143.401
1960	Squaw Valley	250.000
1964	Innsbruck	1.073.000
1968	Grenoble	337.000
1972	Sapporo	621.000
1976	Innsbruck	735.000
1980	Lake Placid	433.000
1984	Sarajevo	434.000
1988	Calgary	1.339.000
1992	Albertville	942.000
1994	Lillehammer	1.208.000
1998	Nagano	1.270.000

gestatt - erreichbar über eine bessere Hühnerleiter.

Der Speisesaal, eine Art verglaste Riesenveranda, hat einen herben Charme und das asiatisch-europäische Buffet kennt, wie sich schnell herausstellt, keinerlei Abwechslung - es sei denn, der mitgebrachte Koch der Alpinen hat mal ein Einsehen mit den Nordischen...

Skispringen in Hakuba geht am ehesten morgens. Das Land der aufgehenden Sonne liegt nämlich mitten im Meer. Darum frischt der Wind mittags meist derart auf, daß Training und Wettkampf auf der imposanten, erst 1992 erbauten, aber vom Profil her bereits wieder veralteten Schanzenanlage kaum mehr möglich sind. Also fegt der wandelnde Wecker namens Rudi Lorenz, Masseur und Mädchen für alles im Sprunglaufteam, am hochheiligen Sonntag, den 8. Februar, schon um sieben Uhr durch die Gänge und holt im Auftrage des Chefs die Thoma und Co. aus den Federn. Das erste Training steht an und außer den Finnen, die Olympia wohl in Ruhe anlaufen lassen, sind alle am Ablauf, die man vom Weltcupzirkus her kennt. Sogar noch ein paar mehr, für die der Weltcup A eine Nummer zu groß ist, nicht aber Olympia, wo die Teilnahme bekanntlich wichtiger als der Sieg, beziehungsweise die Siegchance ist.

Noch ist das Wetter besser als die Vorhersage; aber Meteorologie auf der japanischen Inselwelt hat nach Aussagen Einheimischer generell mehr mit Rätselraten als mit Wissenschaft gemein. Zwölf Monate April - totale Witterungswechsel, oftmals im Zwei-Stunden-Rhythmus. Die Fahnen neben dem Olympischen Feuer flattern ziemlich heftig im Wind, der dummerweise genau von der „falschen" Seite kommt, nämlich von Norden; die gigantische Windsegelkonstruktion aber „ziert" die Südflanke der Schanze.

Bereits der erste Test gerät zum Zweikampf Japan gegen den Rest der Springerwelt.

Und der Rest sieht alt aus. Diese K-90-Schanze scheint den Japanern auf den Leib geschneidert. Oder sie kennen sie halt so gut. Wie von Geisterhand getragen, fliegen die Suda und Saitoh, die Miyahira und Yoshioka, die Kasai und Okabe und erst recht Funaki und Harada da hin, wo die anderen schon ausfahren. Heimvorteil! Unsere Burschen dagegen tun sich schwer; die Umstellung von den vielen Großschanzen des Weltcupkalenders macht Probleme. Und dann war da ja noch Oberstdorf, das Skiflugfestival, großartige Leistungen der Hannawald, Jäkle und Thoma, wie man sie ohnehin nicht jeden Tag aus dem Körper und Kopfe zaubern kann. 200 Meter und mehr - und jetzt dieser Bock hier, wo sie reihenweise zwischen 75 und 85 Metern herunterfallen! Schon die „Deutsche" in Ruhpolding, eigentlich eine Fehlplanung des Verbandes, weil sie den Athleten das einzig wettkampffreie Wochenende seit November stahl, war laut Thoma wie der Umzug auf eine Kinderschanze.

Aber trotz Zusatzstreß ein Fingerzeig in die richtige Richtung, die da heißt springen statt fliegen.

Wie bei der Tournee, im Weltcup oder zuletzt auf der Heini-Klopfer-Schanze demonstriert die Heß-Truppe auch im ersten Training von Hakuba „mannschaftliche Geschlossenheit". Leider. Alle Mittelmaß, keiner drüber, auch Dieter nicht, der wie die anderen nach zwei von drei möglichen Versuchen den Betrieb einstellt und den ersten Trainingstag fast ungewohnt gleichgültig als notwendige Akklimation schnell abhakt.

Die zarte Frustration zu verdrängen fällt nicht leicht, fern vom eigentlichen Olympia. Die kleine, alte Sporthalle vor

Ort taugt weder zum Krafttraining, noch zur spielerischen Regeneration. Das weiß man vom Vorjahr. Die Geräte sind uralt bis gefährlich und durch die Ritzen im Dach blies der Wind damals sogar den Schnee rein. Also nur ein bißchen joggen im Tal der Elefantenrücken. Eine treffende Charakterisierung, denn Altschnee plus das Graubraun der kahlen Laubbäume lassen die runden Bergrücken wirklich wie lagernde Dickhäuter aussehen.

Und es ward Abend und es ward Morgen, dritter Olympiatag. Ist gleich zweiter Trainingstag.

Eigentlich. Es schneit wie in „Doktor Schiwago", nur, daß es im Film irgendwann aufhört, hier nicht. Warten, walzen, wagen, wieder warten. Rien ne vas plus - die Wintersportler kapitulieren vor dem japanischen Winter und spielen Fußball im Tiefschnee. Eine Riesengaudi mit sinnvollem Hintergrund, denn jeder Schritt bedeutet Konditions- und Gleichgewichtstraining zugleich. Allein

das Zweikampfverhalten beim allzeit reizvollen Vergleich jung gegen alt, Springer gegen Betreuer, erschreckt das ungeübte Auge. Es geht voll zur Sache und O-Ton Heß: „Die jungen Hüpfer gewinnen nur, weil wir Trainer letztlich verpflichtet sind, an deren Gesundheit zu denken."

Die Videoanalysen vom ersten, im Endlosschneefall schon ewige zwei Tage zurückliegenden ersten Training haben offenbar nicht gefruchtet. Schlichtweg katastrophal, es kann nur besser werden, ist der allgemeine alemannische Tenor nach dem Abschlußtraining.

Das Quintett ist vom wahrlich ungeliebten Bock dreimal ziemlich einträchtig eher heruntergestürzt als gesprungen, allein Jackson Jäkle im dritten und Dieter Thoma im ersten und dritten Durchgang haben angedeutet, daß nicht alles Potential beim japanischen Zoll verblieben ist, wie ein Kollege der schreibenden Zunft mutmaßt. Auch der Spruch von den deutschen

„Schönwetterspringern" macht mal wieder die Runde ob der fraglos deprimierenden Resultate, speziell im Vergleich zu den Japanern. Manabu Ono ist zu beneiden und zu bedauern zugleich: Nippons Coach hat gleich acht Trümpfe, aber nur vier können laut olympischem Reglement stechen. Er entscheidet sich für Saitoh, Kasai, Funaki, Harada. Die richtige Wahl.

Auch Reinhard Heß hat leichte Wahl. Michael Wagner, der Saison-Entdeckung, fehlen für die Normalschanze noch die athletischen Voraussetzungen. Andererseits hat Martin Schmitt, ohne Bäume auszureißen, seine Leistung wieder so weit stabilisiert, daß die Frage nach dem vierten Mann sich selbst beantwortet. Mehr Kopfzerbrechen machen dem Suhler Erfolgstrainer „die Drei da vorne", die weit hinter ihrer Normalform herhüpfen und nach der Generalprobe zwar nicht mutlos, aber ziemlich ratlos die Ski packen und für den Wettkampftag richten.

Der macht Laune - jedenfalls beim Aufstehen.

Strahlender Sonnenschein, fast Windstille - Hakuba präsentiert sich für seine erste Sprunglaufentscheidung im schönsten Wintergewand. Apropos Gewand: Neben den Skiern sind die Anzüge der Springer höchstes Gut. Die alten haben im Dezember und Januar hervorragende Dienste geleistet, aber ihr Aussehen hat gelitten, und da für Olympia alle Werbeflächen abzudecken sind, macht die Klamotten fast schon unansehnlich. Das erste neue Kleid war Dieter zu klein, und die beiden nachgelieferten Anzüge haben noch kein Glück gebracht. Was tun? Wenn's läuft, denkst du gar nicht ans Material, aber jetzt... .

Es war richtig, selbst für die paar Kilometer zur Schanze frühzeitig aufzubrechen: Stop and go auf den schmalen Sträßchen. Hakuba erlebt eine nie dagewesene Invasion. Selbst der Kronprinz steckt im Stau, die Shuttlebusse sowieso; so mancher Journalist wird sich hinterher die Ereignisse des ersten Durchgangs nacherzählen lassen müssen.

Schon die ersten Reaktionen der 60.000 Zuschauer verraten wenig Sachverstand, aber umso mehr Leidenschaft für ihre Heroen - und seien sie nur Vorspringer. Der Lärmpegel ist konstant hoch, wie überall auf der Welt, wenn Schulklassen ausgeführt werden: Wandertag zum Olymp.

Nur mühsam gewinnt der Wettkampf an Profil, zwölf Mann erreichen nicht mal die 70-Meter-Marke, darunter auch Malysz, der Pole, der schon Weltcups gewonnen hat. Das alte Lied: Ein paar Überflieger bestimmen die Anlauflänge, prompt kommen die Schwächeren kaum über den Vorbau. Ginge die Jury auch nur ein paar Luken hoch, flögen wiederum die Harada und Funaki unverantwortlich weit über „K" in den Schanzenradius. Dieter Thoma weiß ein Lied von diesen Problemen zu singen, siehe die WM in Trondheim und so manchen Weltcup der vorolympischen Saison.

Mit Luke 11 waren die vier „Weisen" der Jury, unter ihnen Schanzenbauer Wolfgang Happle, diesmal sehr vorsichtig, fast zu vorsichtig. Die Anlaufgeschwindigkeit liegt unter 80 km/h, brutale Selektion ist die Folge. Schon 77 Meter reichen fürs Finale. Über 80 Meter geht's erst ab Startnummer 35 hinaus. Martin Schmitt hat die 42 und springt bei guten Haltungsnoten 82 Meter - Finalteilnahme. Die anderen Drei kommen ob ihrer guten Weltcup-Plazierung erst ins letzte Dutzend. Jäkle auch 82 Meter, etwas schwächer benotet als Schmitt. Dann Hannawald: 83,5 Meter - ordentlich, aber fernab der Januarform. Schließlich Dieter Thoma:

84,5 Meter mit blitzsauberem Telemark als bester Deutscher, aber nicht gut genug für einen Spitzenplatz. Alle Vier liegen zwischen Platz zehn und Platz 20 - kein Absturz, aber auch alles andere als ein Sprungbrett in die Medaillenränge. Denn allen voran der Liebling der Massen, Masahiko Harada, aber auch seine Teamkollegen, außerdem Soininen, der vom wertvollen Mannschaftsspringer zur Nummer eins gereifte Finne, Widhoelzl, Peterka und Brenden segeln ein gutes Stück weiter.

Von unten sahen die Sprünge unseres Quartetts alle ziemlich gleich aus: hoch heraus vom Tisch, aber dann fehlt irgendwie die Verbindung in die Flugphase. Keiner kommt richtig auf Zug, es ist, als sprängen sie nicht, sondern kämen aus dem Lufthochstand im freien Fall herunter. Thoma später: „Ich vermisse auf dieser Schanze den Luftwiderstand, es fehlt das notwendige Gefühl, auf der Luft zu reiten. Man kommt gar nicht dazu, zu agieren, schon ist alles vorbei!"

Um halb zwölf morgens ist der erste Olympiatraum ausgeträumt - für unsere Burschen auf den Plätzen 13 (Thoma), 14 (Hannawald), 17 (Jäkle) und 19 (Schmitt) genauso wie eine volle Leistungsklasse höher für die Japaner. Gold gewinnt tatsächlich Janni Soininen, obwohl man ihn vor dem finalen Satz zwei Minuten oben festhielt, als der Aufwind gar zu heftig blies, vor dem mit Silber bitter enttäuschten Funaki und dem Überraschungs-Dritten Widhoelzl. Und Harada? Wie beim Mannschaftswettbewerb 1994 in Lillehammer und zigmal anderswo hat er wieder mal den Sieg verschenkt. Nach 91,5 nur 84,5 Meter im Finale - ein Aufschrei des Entsetzens, nur Platz fünf statt eins. In der anschließenden Pressekonferenz entschuldigt sich Harada in aller Form bei seinen Landsleuten „für sein Versagen"! Auch einem Dieter Thoma tut Mr. Unzuverlässig „einfach nur leid" und fast hat man den Eindruck, als kompensiere unser auch an diesem weniger guten Tag bester Mann seine eigene Enttäuschung durch das Mitgefühl mit „der armen Sau". Auf die eigene Leistung angesprochen, wirkt Dieter selten gelassen, fast fatalistisch: „Gute, faire Bedingungen, aber nicht meine, unsere Schanze. Ich habe in meiner Springerlaufbahn schon wesentlich schlechtere Sprünge gehabt, mit denen ich aber weiter gekommen bin. Es war irgendwie mehr ein Wegspringen, ich hab' zweimal in den Hang reingesehen und bin auch schon gelandet".

Selten hat der Autor dieser Zeilen Dieter nach einer Niederlage so souverän erlebt. Und derart auskunftsfreudig. Im Erfolg hat jeder Text...

„Die Erdanziehung war letztlich zu hoch", kalauert er augenzwinkernd, „aber für alle gleich" hinzufügend, um nicht mit faulen Ausreden als schlech-

---

Liebesbriefe

Skispringer stehen bei den Damen hoch im Kurs. Sie sind nun einmal die „Herren der Lüfte". Dieter Thoma kann sich über Mangel an weiblicher Fan-Post nicht beklagen. Zwei besondere Beispiele sind in seiner Erinnerung haften geblieben. Da schrieb eine noch sehr junge Dame: „Ich bin neun Jahre alt und möchte Dich heiraten. Wirst Du auf mich warten? Jetzt bin ich ja noch zu jung zum Heiraten." Oder: „Ich bin 35 Jahre alt und noch Jungfrau. Du bist der einzige, der das ändern könnte. Wenn Du Dich nicht meldest, werde ich wohl die ewige Jungfrau bleiben." Dieter fuhr nicht hin und fand auch keine passenden Worte, um den Brief zu beantworten.

ter Verlierer hingestellt zu werden. „Wenn ich eine Chance habe und Scheiße baue, dann bin ich auf mich sauer und reagiere mich besser im Stillen ab, ehe ich den Mund aufmache und was Falsches sage. Hier aber waren wir irgendwie chancenlos. Ich weiß nicht warum, aber man kann's halt nicht übers Knie brechen!" Wenn das einer sagt, der für seine Willensstärke, seinen Biß weltweit bekannt ist - siehe Auszug der Nagano-Biographie des D.T.: „very ambitious and mentally strong" - dann glaubt man ihm.

Als der Bus startet - nicht zur Siegerehrung nach Nagano, wie vorsorglich geplant, sondern zurück ins Hotel - verraten die Gesichter Enttäuschung, Martin Schmitt vielleicht ausgenommen. Jetzt hilft nur eine Radikalkur für den Kopf: Alpiner Skilauf! Wolfgang Steiert hat Liftkarten und Leihski organisiert, wohl wissend, daß die Kerle erst mal auf andere Gedanken kommen müssen vor der gestrengen Manöverkritik des Chefs. Der wiederum war selber erst mal joggen, „mußte sich den Ärger von der Seele rennen".

Als alle wieder eintrudeln, flackern die Augen schon wieder angriffslustig. Dieter, für Wolfgang Steiert klar der Boß, „aber er hängt's nicht raus": „Das Ganze ist kein Beinbruch, wir haben schließlich schon viel erreicht in dieser Saison. Jetzt kommt unsere Schanze!"

Im Deutschen Haus von Nagano liegt eine kleine blaue Broschüre aus, herausgegeben von den mitgereisten Sportpfarrern beider großen Konfessionen. Kleine Gedichte und Geschichten zum Nachdenken, Psalmen und Gebete für besinnliche Momente „in diesen Tagen intensiven Erlebens und dichter Eindrücke"- wie es im Vorwort heißt. Auf Seite 26 beginnt dort eine Geschichte, die der Essayist James Aggrey „Der Adler" betitelt hat (siehe unten).

Wie dieses Gleichnis weitergeht, steht am Ende des nächsten Artikels.

Hans-Reinhard Scheu

Der Adler, Teil I

Ein Mann ging in einen Wald, um nach einem Vogel zu suchen, den er mit nach Hause nehmen konnte. Er fing einen jungen Adler, brachte ihn heim und steckte ihn in den Hühnerhof zu den Hennen, Enten und Truthühnern. Und er gab ihm Hühnerfutter zu fressen, obwohl er ein Adler war, der König der Vögel.

Nach fünf Jahren erhielt der Mann den Besuch eines naturkundigen Mannes. Und als sie miteinander durch den Garten gingen, sagte er: „Dieser Vogel dort ist kein Huhn, er ist ein Adler". „Ja", sagte der Mann, „das stimmt." „Aber ich habe ihn zu einem Huhn erzogen. Er ist jetzt kein Adler mehr, sondern ein Huhn, auch wenn seine Flügel drei Meter breit sind."

„Nein", sagte der andere, „er ist immer noch ein Adler, denn er hat das Herz eines Adlers, und das wird ihn hoch hinauffliegen lassen in die Lüfte." „Nein, nein", sagte der Mann, „er ist jetzt ein richtiges Huhn und wird niemals fliegen."

Darauf beschlossen sie, eine Probe zu machen.

Der naturkundige Mann nahm den Adler, hob ihn in die Höhe und sagte beschwörend: „Der du ein Adler bist, der du dem Himmel gehörst und nicht dieser Erde: breite deine Schwingen aus und fliege!"

Der Adler saß auf der hochgereckten Faust und blickte um sich. Hinter sich sah er die Hühner nach ihren Körner picken, und er sprang zu ihnen hinunter.

Der Mann sagte: „Ich habe dir gesagt, er ist ein Huhn."

Probleme auf der Großschanze

Zu langsam in der Spur - die Crux mit dem Material

Auf einem Parkplatz nahe des Hotels leitet Reinhard Heß den psychologischen Wiederaufbau seiner Schützlinge ein. Es geht wie immer hoch her beim Fußball-Prestigeduell Alt gegen Jung. Jung gewinnt, was der Boß mit einem Augenzwinkern kommentiert: „Wir haben die Kerle gewinnen lassen, aber nur mit einem Tor, das reicht fürs Selbstvertrauen."

Mit Skispringen war's mal wieder nichts; einen Tag nach dem Kaiserwetter druckt der Computer im Quartier - treffenderweise unter der Rubrik „Wetterbedingungen" - konstant „cloudy and rainy" aus. Eine vornehme Umschreibung dessen, was im Elefantental los ist. Es gießt wie aus Kübeln und - was der Computer verschweigt - es blitzt und donnert wie bei uns an einem schwülen Sommerabend. An der Schanze, dieser 100-Millionen-Metallkonstruktion, schalten sie sicherheitshalber alle Elektronik ab. Die Szene ist derart gespenstisch, daß die Vorspringer aus dem Juniorenkader der japanischen Nationalmannschaft schlichtweg kneifen, sich weigern, ihre Ski überhaupt in das Doppelrinnsal, genannt Anlaufspur, zu setzen. Hagelkörner trommeln auf die Helme, verwundert registriert Heß nach einer Woche Olympia zum ersten Mal Grenzen japanischer Unterwürfigkeit. Er hätte die Seinen gern trainiert, den Frust durch Erfolgserlebnisse verdrängen lassen. Aber wir sind in Japan. Und da die Harada, Funaki und Ono nur kurz die Lage peilen und unverrichteter Dinge wieder abziehen, ist das offizielle Training schnell auch wieder offiziell abgesagt. Wer weiß, wofür's gut ist. Unsere Springer machen erst mal einen langen Mittagsschlaf und lassen sich von Rudi Lorenz kneten, ehe zum Abschluß und Höhepunkt dieses Regenerationstages seit langem das obligatorische Wettspiel Hunger und Laune macht.

Ein bißchen angeschlagen sind sie alle noch; nicht vom Fußball - da hätten eher die Trainer zu klagen - nein, vom olympischen Einstand. Erst die Frage an Dieter „wie geht's daheim?", verbunden mit der stillen Übergabe des Handys des Autors dieser Zeilen, hellt die Miene unseres „Vorspringers" auf. Erst recht, als Manuela am anderen Ende wohl Nicolas-Maximilian in das telefonische Familientreffen einbezieht. Da wird wieder mal klar, warum Dieter seit zwei, drei Jahren ein Anderer geworden ist, seine ungebrochenen Ambitionen und Emotionen im Sport eine neue, positive Zuordnung gefunden haben... Das eigene familiäre Umfeld hat ihm einen großen Gewinn an Persönlichkeitsprofil verschafft. Aus dem wilden Feuerkopf ist ein starker, kluger Kopf geworden, der Vertrauen mit Vertrauen zu erwidern weiß. Es macht richtig Spaß, mit ihm zu plaudern, seine reifen Gedankengänge nachzuvollziehen. Beispiel gefällig? „Warum haben die Medien versucht, einen Keil zwischen Hanni und mich zu treiben, als er zuletzt vorne war? Natürlich möchte ich gewinnen, aber ich gönne ihm den Erfolg von Herzen, denn ich habe immer an ihn geglaubt. Es gibt nicht nur Dieter Thoma, die anderen sind auch Superspringer." Und selbstbewußt fügt er hinzu: „Ich frage sowieso nicht, wie gut sind die anderen, sondern nur, wie gut bin ich? Und wenn ich das Optimum bringe, dann kann ich jeden schlagen. Und wenn nicht, dann ist mir natürlich viel lieber, wenn ein Deutscher und nicht ein Japaner vorne ist." Und nochmal zu Hannawald: „Unsere Freundschaft hält wie die von Felder und Vettori. Die waren auch Konkurrenten, aber sie haben sogar am gleichen Tag und am gleichen Ort geheiratet."

Am Freitag, den 13., sollten Skispringer eigentlich einen Bogen um ihren Arbeitsplatz machen. Schließlich spricht Reinhard Heß immer noch und immer wieder von „der Risikosportart, die wir betreiben", auch wenn Ganzjahres-Training, Material und verbesserte Schanzenprofile in der letzten Zeit schwere Stürze zur Rarität haben werden lassen.

Olympische Ambitionen und Aberglauben vertragen sich nicht. Also wird trainiert am Freitag, den 13., zumal Petrus mal wieder ein Einsehen hat. Die Leistungen unserer Kombinierer am Morgen waren nicht gerade animierend, aber die mußten ja auch vom ungeliebten kleinen Bock springen, auf der Großen war Dieter vor Jahresfrist im Weltcup Vierter. Also redet er sich und den anderen ständig ein: „Die liegt uns, die liegt uns, die...!"

Und siehe da: Es geht wieder, es geht doch noch, auch wenn laut dem Chef „immer noch keiner sein Optimum erreicht". Die Bestweiten in den drei Durchgängen mit kompletter deutscher Beteiligung erzielen zwar der Norweger Brenden, die Österreicher Widhoelzl und Hoellwarth und natürlich wieder Harada und Funaki, aber unsere fünf sind wieder „bei den Leuten". Thoma landet auf den Plätzen drei, vier und sieben, Jäkle und Hannawald zwischen Rang sechs und 14, Schmitt sogar unter den ersten Zehn, letzteres viermal, denn Martin und Michi Wagner springen eine Art interne Qualifikation, die der Schwarzwälder in drei der vier Versuche für sich entscheidet.

Die Schwarzwald-Connection ist komplett für den Sonntag beim Einzelwettkampf von der Großschanze, zumal das Samstagstraining mal wieder buchstäblich ins Wasser fällt.

So verpaßt auch ein Andreas Goldberger seine allerletzte Chance, sich noch ins Team zu springen. Goldi ist nur Austrias Nummer fünf – so schnell geht's, wenn - so Heß - „nicht mehr seriös gearbeitet wird", der Athlet seine Zeit im Gerichtssaal statt im Kraftraum zubringt. Nebst exzessiver Lebensweise und den Folgen hat sicher aber auch der schwere Sturz von Lathi im letzten März dazu beigetragen, daß Andi aus der Spur kam.

Ganz Japan scheint auf den (kurzen) Beinen, wieder pilgert eine unüberschaubare Menschenmenge zum Berg, aus dem Japans „Kamikazeflieger" Edelmetall schürfen wollen.

Und zwar nicht Silber, wie vier Tage zuvor, sondern Gold. Die Sprechchöre machen deutlich, wer unangefochten der Liebling der Massen ist: nicht Funaki, die unbestrittene Nummer eins des Winters, sondern Harada, der Pechvogel, der Alles-oder-Nichts-Mann, der es durch Leistungsschwankungen wie Gesten menscheln läßt im Land der anerzogenen Zurückhaltung bis hin zum Gefühlsausschluß.

Jeder kennt die traurige Geschichte von Lillehammer, wo er das sicher geglaubte Mannschaftsgold noch hergab und alle litten mit ihm, als er jetzt, vier Jahre später, auf der Normalschanze am Mittwoch Einzelgold verspielte. Der tragische Held ist beim gemeinen Volke mehr gefragt als der Überflieger.

Diesmal patzt Harada schon im ersten Versuch: 120 Meter, für Kasachen und Koreaner ein Traum, für ihn und seine Fans eine neuerliche Enttäuschung. Das Stadion erstarrt, verstummt. Die kleine deutsche Fraktion von DSV-Funktionären und Journalisten in der Mixed-Zone schaut ebenfalls betreten, denn nach Martins Schmitts erfreulichen 118,5 Metern kommt plötzlich eine große Flaute. Windmäßig, leistungsmäßig. Nikkola, die Startnummer 47, trifft's zuerst, dann nacheinander Sakala, Hoellwarth, Stensrud. Allein Brenden mogelt sich aus dieser Gruppe dank seiner Sprungkraft gerade noch ins Finale. Aber dann: Jäkle 92 Meter, Horngacher gar nur 84, auch Saitoh und Ahonen haut's raus, schließlich auch Hannawald: 100 Meter, zu wenig, um an diesem Tag überhaupt noch einmal, geschweige denn vornehin springen zu können. Jackson nimmt gleich den Hinterausgang, mag erst einmal überhaupt keinen mehr sehen. Hanni, der Sunnyboy der letzten Wochen, preßt vor lauter Wut und Enttäuschung die Lippen zusammen, nachdem er per Walky-Talky ersten Trost erfahren hat. Unser Mann mit der Nummer 56 bekommt gar nicht mehr mit, daß der Wind schon wieder gedreht hat, Peterka mit der 57 wie-

der Aufluft hat, Widhoelzl (58) und Soininen (59) gar an die Spitze des Feldes fliegen. Dieter vermag die Gunst der Stunde, beziehungsweise Aufwindminuten zum Schluß des ersten Durchgangs nicht zu nutzen: 114 Meter - 15, 16, 17 Meter hinter den Besten. Verzweifelt schlägt er sich in der Ausfahrt auf die Schenkel und kneift die Augenbrauen zusammen, wie immer, wenn's daneben geht. Des Rätsels (Teil-)Lösung liefert die Geschwindigkeitsanzeige: Dieter liegt um bis zu 2,5 km/h hinter der Konkurrenz! Der Ski, vielleicht auch der neue Anzug?

„Wenn du soweit hinterher fährst, hast du keine Chance", verteidigt er sich später, „2,5 Kilometer entspricht ein paar Luken, da fehlt die Dynamik, da fehlt die Höhe, um überhaupt richtig ins Fliegen zu kommen!" Außerdem war er am Tisch zu spät, wie die Trainer analysieren, dadurch stellen sich die Ski zu steil an, wirken erst einmal als Bremse statt als Flügel. Dieter weiß, von Platz 22 springt keiner mehr in die Medaillen-

Dieter und der Spielautomat

Dem Kreisjugendskitag 1980 hatte Dieter schon länger entgegengefiebert. Er liebte es, sich in Sachen Sport zu präsentieren und wollte immer und überall der Beste sein. Der Abfahrtslauf am Feldberg hatte bereits stattgefunden, und Dieter hatte in seiner Altersklasse alle anderen hinter sich lassen können. Nun stand das Skispringen an. Wohlwissend, daß Dieter sich bald für seinen Start bereit machen mußte, suchte ich meinen Sohn. Dieter war wie vom Erdboden verschluckt. Unter all den Kindern war er unauffindbar. Er war nicht am Lift, er stand nicht bei seinen Schulkameraden. Anfangs war ich wütend und dachte mir „wo steckt der Bengel bloß?", aber als er nun gar nicht mehr auftauchen wollte, begann ich, mir Sorgen zu machen. Ich erinnerte mich, daß das letzte, was ich von Dieter gehört hatte, war, daß er mal auf die Toilette müsse und gleich wieder da sei. Intuitiv marschierte ich in die Wirtschaft Feldberger Hof. Schon bald hörte ich es scheppern und klingeln. Vor einem hell leuchtenden Geldspielautomaten entdeckte ich meinen Sohn ins Spiel vertieft. Beruhigt, ihn gefunden zu haben, aber wütend genug, nahm ich mir vor, ihn mir später entsprechend zur Brust zu nehmen. Im Moment galt es allerdings erst mal schnell machen, denn für den Start zum Skispringen war es nun fast schon zu spät. Was soll man sagen, Dieter gewann auch das Springen mit deutlichem Vorsprung. Da mein Stolz nun doch überwog, fiel die Standpauke wegen seines unerlaubten Ausflugs geringer aus als geplant und ich ließ ihn stattdessen seine beiden neuerworbenen Medaillen feiern. Franz Thoma

ränge. Aus der Traum. Martin Schmitt ist Elfter, Hannawald und Jäkle hat's ins letzte Drittel des Feldes verblasen. „So ein Skispringen", globalisiert der weise Disziplintrainer und muß auch den zweiten Wettkampf abhaken, abschreiben, ehe er in die Entscheidung geht – einen verrückten Wettkampf, von japanischen Witterungsschwankungen gebeutelt, geprägt. Kein einziges Team bringt alle vier Mann ins Finale, nur drei Mannschaften drei, alle anderen maximal zwei - so auch Deutschland.

Am Ende verliert Schmitt trotz 123 Metern im zweiten Versuch noch drei Plätze und wird Vierzehnter. Thoma „überflügelt" ihn dank 128 Metern noch um zwei Ränge, wird als Zwölfter wieder bester Deutscher - jenseits von sehr gut und böse. Aber die 128 Meter haben ihn dank Umwachsen nicht nur stolze zehn Meter gutmachen lassen, sie haben ihm auch die Hoffnung wiedergegeben, „eigentlich doch dazu zugehören zu den Allerbesten - wenn alles paßt, vom Anzug über den Ski bis zum Thoma". „Der Kopf ist frei", versucht er sich und allen anderen einzureden. Nur ein bißchen nervös sei er gewesen, aber trotzdem locker.

Die Ratlosigkeit ums Material schleppt Dieter allerdings auch noch mit sich, als er abends bei Schneesturm im Auslauf - dem Ruf des Fernsehens folgend, nicht dem eigenen Triebe – zum 17. Mal nach den fehlenden zweieinhalb Kilometern forscht. Fast schon mysteriös sei das hier, ein völlig anderer Schnee als in Europa, die hochgelobten Fluorwachse hätten versagt. „Das soll keine Ausrede sein, aber so weit bin ich noch nie hinterhergefahren", bittet er die daheim um Verständnis für das Untersoll - auch und gerade nach eigener Einschätzung. „Da war diesmal nix drin, aber es waren schon die Richtigen vorne!" Nämlich Funaki, Soininen und Harada. Aber ehe die drei Medaillengewinner feststanden, erlebten die 60.000 ein Finale der besonderen Art. Im Mittelpunkt der Ovationen, Spekulationen und Diskussionen wieder einmal Masahiko Harada, die Reizfigur wider Willen.

Mit seinen 120 Metern aus dem ersten Durchgang hatte er eigentlich schon ausgespielt im Medaillenpoker - zehn Meter hinter Widhoelzl, Ogabe und Soininen. Aber es muß wirklich etwas bringen, dieses synchrone Armschwingen aus der Hocke heraus, mit dem die Fans und Helfer im Radius zu Abertausenden für ihre Springer Aufwind schaufeln: Harada fliegt in seinem zweiten Versuch über „K", fliegt über die Juryweite, fliegt über den Schanzenrekord und landet erst irgendwo jenseits des Machbaren und Kalkulierbaren. Ein einziger hysterischer Aufschrei begleitet seinen schier unendlichen Flug. Er schlägt die Hände vors Gesicht, er kann seine Tat ebensowenig fassen wie jeder einzelne Beobachter im Stadion. Die Weite aber bleibt aus auf dem Scoreboard, somit auch die Gesamtnote und die Platzziffer. Allgemeines Rätselraten, das erst unterbricht, als Funaki, der Viertplazierte, zum Finalsprung über den Tisch kommt. Nicht ganz so weit, aber ein Bilderbuch-Telemark-Aufsprung. Zu recht fünfmal die 20 - die Führung. Aber wo liegt Harada? Soininen springt 126,5 Meter, zu wenig, um Funaki von der Spitze zu verdrängen, Ogabe fällt mit 119,5 Metern sogar ganz aus der Spitzengruppe heraus. Nur noch Widhoelzl ist oben, der Führende nach dem ersten Durchgang. Die Japaner stehen quasi kollektiv kurz vor dem Ausflippen, rund um die riesige weiße Zunge. Der Österreicher gegen die vereinte japanische Übermacht. Er springt wunderschön, aber nur 120,5 Meter, Rang drei hinter Funaki und Soininen. Ende der Veranstaltung, aber

Es läuft einfach nicht - Dieter Thoma sichtlich unzufrieden. Und auf Erklärungssuche. Liegt´s am Material?

immer wieder und immer noch die Frage: Wo ist Harada abgeblieben? Minuten des Hoffens und Bangens verstreichen und münden in einen Orkan des Jubels. Auf Position drei leuchtet der Name Harada auf, also Gold und Bronze für Japan. Die Flower-Zeremonie beseitigt letzte Zweifel an der Rechtmäßigkeit von Anzeige und Ansage.

Was war geschehen?

Wolfgang Happle, Jurymitglied, klärt auf: „Harada war über die Videoweitenmessung hinausgesprungen, deren Weitwinkel nur bis 135 Meter ausgerichtet war. Die 136 Meter, die der (japanische) Weitenmesser per Handzeichen vermeldete, mußten von der Jury erst im Computer- (Stand-) Bild nachgeprüft werden. Und siehe da: Leicht verzerrt am Bildrand taucht tatsächlich ein Strichmännlein auf, deutlich jenseits der 135-Meter-Linie. Happle: „Es waren sogar mindestens 136 Meter, Bronze für Harada ist korrekt." Und doch bleibt eingedenk der Heim-Meter von einst ein fader Beigeschmack. Erstens, weil's so lange dauerte, bis Klarheit herrschte; zum zweiten, weil Harada mit dem knappsten aller Abstände Widhoelzl aus dem Medaillenrang drückte: 0,1 Punkte.

Da mutmaßte so mancher (Österreicher), des Japaners Weite sei eben genauso hingetrimmt worden, daß es für Bronze reichte. Und dieser Bronzemedaillengewinner erfährt weit mehr Sympathie als Goldmedaillengewinner Funaki. Wieder einmal, und nicht zum letzten Mal. Und sicherlich nicht nur, weil sich Ha-ra-da besser skandieren läßt als Fu-na-ki.

Wieder keine Triumphfahrt zur Siegerehrung, stattdessen Trauerzug ins Hotel bei den Deutschen. Es wird wenig gesprochen, als der Bus am „Sun Valley" einparkt. Die Trainer wissen: Jetzt muß man die Kerle in Ruhe lassen, ehe Henry Glass routinemäßig zur Videoanalyse ruft. Die Stimmung ist mies und wird auch nicht besser, als von der Biathlonfront zwei Medaillen vermeldet werden. Im Gegenteil: „Jetzt machen die Schreiberlinge aus uns Schwarzwaldadlern wieder Suppenhühner", orakelt Dieter Thoma, über die meiste Erfahrung mit den Medien verfügend. „Ob du Zwölfter, Dreizehnter oder Siebenundfünfzigster bist, ist doch wurscht - nur Medaillen zählen für die", aber man hat das Gefühl, für ihn selbst auch.

Der Anzug fliegt in hohem Bogen in die Ecke, alles Vertrauen ins Material, alles Selbstvertrauen ist wie weggeblasen. „Das Singen und das Springen, das kann man nicht erzwingen", philosophiert Reinhard Heß einem nachbohrenden Journalisten ins Handy, „die Hoffnungen auf eine Medaille im Mannschaftswettbewerb sind jetzt besch...eiden, die Favoritenrolle sind wir jedenfalls los, wir müssen tiefer stapeln". Erst als der Quälgeist am Ende wohl das „was tun?" nachgeschoben hat, wird er deutlicher: „Sollen wir jetzt in den Wald reinbrüllen? Ein Straftraining wird's jedenfalls nicht geben!" Statt dessen gibt's einen Kick gegen die Kombinierer. Aber das Ergebnis paßt zu diesem Tag: Niederlage.

Auf seiner Stube zerfleischt sich Dieter immer noch wegen der Anfahrtsgeschwindigkeit, bis Rudi Lorenz, der gute Geist im Team, ein Machtwort spricht: „Schluß für heute!"

„Ich bin nur 30 Prozent Masseur", beschreibt er seine Rolle, sein Rollenverständnis. „Aber zu, was weiß ich wieviel Prozent, Psychologe und Bindeglied zwischen Trainer und Athleten." Dabei demonstriert er seine Mittlerfunktion mit den Utensilien auf dem Tresen. Wirklich Zufall, daß dabei just an diesem Tag der Chef selbst von einer Zigarettenschachtel verkörpert wird und die Springer von Flaschen.

Abends geht's zur Zerstreuung noch ins Österreich-Haus: Kameradschaftsabend. Die Kameradschaft stimmt, nicht aber die Stimmung der Kameraden. Der keineswegs neutrale, sondern heftig mitleidende Beobachter wird zum Abschluß dieses Tages an die Geschichte aus dem blauen Büchlein der Kirchenfürsten im Olympischen Dorf erinnert. Er liest Teil zwei (siehe unten) des Gleichnisses vom Adler, der mit den Hühnern aufgezogen ward und seinen ersten Flugversuch mit der Rückkehr in den Stall beendete. *Hans-Reinhard Scheu*

Der Adler, Teil II

Am anderen Tag stieg er mit dem Adler auf das Dach des Hauses, hob ihn empor und sagte: „Adler, der du ein Adler bist, breite deine Schwingen aus und fliege!" Aber als der Adler wieder die scharrenden Hühner im Hofe erblickte, sprang er abermals zu ihnen hinunter und scharrte mit ihnen.

Da sagte der Mann wieder: „Ich habe dir gesagt, er ist ein Huhn." „Nein", sagte der andere, „er ist ein Adler, und er hat noch immer das Herz eines Adlers. Laß' es uns noch ein einziges Mal versuchen; morgen werde ich ihn fliegen lassen."

Silber mit der Mannschaft

Spannender geht's im Schneesturm von Hakuba kaum noch

Hoffentlich fällt jetzt das Training nicht wieder aus, wir brauchen es dringend", hatte Reinhard Heß gleich nach dem schwarzen Sonntag mit Blick zum Himmel gesagt. Einmal, um die Materialprobleme in den Griff zu kriegen, vor allem aber, um vor der letzten Chance noch ein Erfolgserlebnis aufzusaugen.

Der Wettergott hat ein Einsehen: strahlendes Blau überspannt das Tal am einzigen Tag zwischen den Entscheidungen auf der Großschanze. Hanni baut die Truppe auf. „Endlich", so teilt er sich mit, sei er nicht mehr müde im Kopf. Endlich hat er den glorreichen, aber strapaziösen Januar und den Jetlag überwunden, fühlt sich stark und locker, „noch einmal anzugreifen". Das Unbekümmerte des Zimmergenossen wirkt ansteckend auf Dieter, der noch lange gegrübelt hatte abends im Bett. War's doch zuviel vor Olympia? Wär's doch besser gewesen, Zakopane auszulassen, mal ein Wochenende im Weltcup auszusetzen, wie Heß es gefordert hatte? Mußte die Deutsche Meisterschaft noch sein zwischen Oberstdorf und Nagano. Zweimal Zweiter, also nicht mal ein Titel, statt Regeneration?

Warum kamen die neuen Anzüge so spät? Welchen Ski nehme ich? Weiter den roten, der besser in der Luft liegt oder den grünen, den schnelleren in der Anfahrt? Warum müssen wir Nordischen mit Ski und Wachs herumexperimentieren, während man allein einer Katja Seizinger einen ganzen Container mit 60 Paar Ski hinterherfliegt? Warum ist ausgerechnet jetzt hier die Zeit der anderen, nachdem wir vorher so gut drauf waren? Warum trainierst du vier Jahre für nichts?

Ein Fax aus der Heimat stärkt die Moral: „Wir glauben an Euch, wir vertrauen auf unsere Schwarzwaldadler und ihre Trainer", morst Hinterzartens Bürgermeister Hansjörg Eckert und lädt schon jetzt alle „so oder so" zum Empfang am Freitag danach. „Das wird ein Fest, wenn wir nichts erben und mit leeren Händen heimkommen", murmelt Heß, aber so, daß es ja keiner hört von den Vieren. Den Fünften hat er bereits in die Zuschauerrolle versetzt: Michi Wagner. Der Junge, „der sich prächtig verhalten hat", wird das Abschlußtraining schon gar nicht mehr mitmachen. Schließlich war Martin Schmitt, sein Konkurrent um den vierten Platz, Vierzehnter im Einzelwettkampf von der Großen, hat sich quasi antizyklisch zu den Fixstartern Thoma, Jäkle und Hannawald stabilisiert gegenüber vorher. Natürlich wäre Michi gern echter Olympiateilnehmer geworden, aber er akzeptiert die Entscheidung klaglos, spätestens als ihm Rudi Lorenz auf seine Art verklickert: „Vergiß nicht, vor einem Jahr wußtest Du noch nicht, wie Olympia geschrieben wird, und jetzt bist Du dabei!"

Zum elften Mal vermißt Dieter Thoma beim Frühstück seinen geliebten Käse unter der Marmelade. Muß der elfte Tag sein. Fisch, Reis und Ei sind nicht sein Fall und Müsli allein bringts nicht. Wenigstens der Kaffee ist gut.

Nur Thoma nicht. Erst 114 Meter (Harada 129), dann immerhin 125,5 (aber Harada zwei Luken tiefer praktisch genauso weit), schließlich gar nur 99,5 (Harada 130,5) - Stimmungsbarometer: Den Gesichtsausdruck kann sich jeder vorstellen, der Dieter kennt. Besser jetzt nicht ansprechen! „Der Letzte war eine

Ralley-Rudi und Panzersperren-Henri

Zwei unserer Betreuer, Rudi Lorenz und Henri Glass, haben seit Nagano ihre Spitznamen weg - „Ralley-Rudi" und „Panzersperren-Henri".

Und das kommt so:

An der Schanze in Hakuba hat man einen künstlichen Graben aus Beton errichtet. Nun hat es ja immer wieder heftig geschneit, und die Schneemassen haben auch diesen Graben überdeckt, quasi unsichtbar gemacht. Und Rudi rutscht mit unserem Auto ins Loch blitzschnell hinein. Gleich sind ungefähr 30 Japaner zur Stelle, die ihn da wieder rausziehen. Wir lachen uns schief, weil es so komisch aussieht. Fortan heißt diese Stelle an der Schanze „Rudis Corner". Rudi selbst bekommt den Spitznamen „Ralley-Rudi", weil er so schnell in diesen Graben „abgedüst" ist.

Nach einem Besuch im „Deutschen Haus" will Henri Glass uns nach Hakuba zurückfahren. Er möchte unbedingt den Linksverkehr und das rechtsgesteuerte Auto ausprobieren. Das Fahrzeug hat aber Automatikgetriebe, und ein solches Auto ist Henri noch nie zuvor gefahren. Er legt die Fahrstufe ein - und das Auto beginnt zu rollen und rollt und rollt. Verzweifelt sucht Henri die Bremse - aber in der Hektik findet er sie nicht.

Auf dem Parkplatz sind - warum auch immer - so etwas ähnliches wie Panzersperren errichtet. Wumms, ein Vorderrad drüber, und Henri hat die Bremse immer noch nicht gefunden. Dann schrammt das eine Hinterrad drüber, und Henri sucht und sucht immer noch. Unmittelbar vor einem ein Meter tiefen Loch, auf das das Auto zielstrebig zurollt, schafft er es. Er hat sie gefunden, die Bremse. Schweißgebadet steigt er erst mal aus. Seither hat er den Namen „Panzersperren-Henri" und wir hatten unseren Spaß.   *Dieter Thoma*

Katastrophe, nichts hat gestimmt", sind sich alle einig. Ausgerechnet der „primus inter pares" geht mit einem Mißerfolgserlebnis aus der dritten und letzten Generalprobe. „Er grübelt wieder mal zuviel, anstatt sich auf seine Technik zu konzentrieren und auf sein Können zu besinnen", konstatiert Wolfgang Steiert. Und der kennt seine Pappenheimer.

Immerhin: Schmitt weiter konstant um die 120 und Jäkle wie Hannawald ganz offensichtlich aus dem Leistungsloch. Die beiden springen mitten in die japanische Phalanx und verzichten vernünftigerweise auf den dritten Versuch: Kräfte sparen und das gute Gefühl mitnehmen in den Wettkampf. Hätte Dieter doch auch aufgehört nach zwei Sprüngen. Aber wer vom Rathaus kommt... .

„Der Dieter ist fest", bricht es aus Reinhard Heß, „der will wieder zu viel, will's zwingen. Und darunter leidet das Gleitvermögen in der Anfahrt!" Die Wissenschaft Skispringen, Abteilung Psyche. Da droht einer, der fraglos zu den besten Fliegern gehört, zu scheitern, weil er erst gar nicht zum Fliegen kommt. Zum „Fliechen", wie das aus dem Munde des Thüringers klingt.

Rollentausch. Der kraft Erfahrung und Erfolg heimliche Chef der Flugstaffel, Dieter Thoma, bedarf der Aufmöbelung durch die anderen. Kein Problem. Hanni ist nach diesem Tag so gut drauf, daß er - eher unbewußt - ganze Arbeit leistet, Dieter aus dem Tief holt. Der Teamgeist ist tatsächlich ungebrochen. Mehr noch, die „Jetzt erst recht"- , die „wir sind doch wer"-Haltung macht sich breit. Endlich. Tagelang hatte man eher den Eindruck gewinnen müssen, sie ziehen sich in schon fast fatalistischer Ergebenheit und Eintracht nach unten, verkehren mit gemeinsamen Klageliedern über Wind, Wetter und Ausrüstung sowie hohlen Durchhalteparolen die Idee Teamgeist ins Negative, Perverse. „Genau das müssen wir ändern", lautet die Trainermeinung, erst recht nach dem bezeichnenden 7:3 für die Alten im Abschlußspiel auf dem Eisparkett Parkplatz.

Dieter ist wild entschlossen, in Sachen Material die Radikalkur zu vollziehen. Grüner Ski, weg mit den weichen Fluorwachsen, alter Anzug!

Auch Jackson und Sven wollen auf Altbewährtes vertrauen. Dies aber heißt: alle Werbeflächen penibel abdecken. Das IOC lebt zwar gut mit und vor allem von Sponsoren; die von der Basis aber müssen den Olymp „clean" erklimmen. Die Sisyphusarbeit mutiert zur Riesengaudi. Bald zwei Stunden lang robben die Adler über den Flur, bis sich die alten Kleider, von oben bis unten mit Lassoband übersät, werbefrei präsentieren. Eine mühevolle Flickschusterei, aber die moralische Wirkung ist eine ungeheure... „Es schneit wie d´ Sau", sagt der Badener. Und Badener sind sie alle vier, die die vom Disziplintrainer bei aller Zurückhaltung immer wieder ein-

geforderte Mannschaftsmedaille einfahren sollen und wollen.

Wie ein unendlicher Troß von Pinguinen schiebt sich die dritte Völkerwanderung dieser Woche durch die tiefverschneiten Straßen Hakubas. Der Pilger Ziel: das Schanzenstadion und die nächste Goldmedaille. „Japan ist und bleibt Favorit", doziert Reinhard Heß für den allerletzten Vorbericht ins Mikrofon, „aber das Wichtigste ist, daß wir einen fairen Wettkampf erleben dürfen."

Kaum, daß das gesagt ist, hat das Mikro ein Flockenhäubchen und führt des Meisters Wunsch ad absurdum. Vom Trainerturm ist sowohl der Ablauf wie der Auslauf nur schemenhaft wahrnehmbar.

„The trialround will start in twenty minutes," verkündet die Ansage. 20 Minuten Verschiebung, Skepsis macht sich breit. Ob das was wird heute? Waagrecht peitscht der Wind die weißen Schleier gegen den Sprunglaufhügel. Immerhin konstant von vorn. Das macht Hoffnung, ließe der Schneefall

---

Die vergessenen Sprungschuhe und der Kurierdienst

So wie in jedem Jahr blieb auch in der Saison 97/98 der Satz nicht aus: „Manu, Du ich hab da was vergessen". In diesem Jahr waren es ein zweites Paar Sprungschuhe. Im vollsten Vertrauen auf die heftig werbenden Kurierdienste war ich mir sicher, das „Nachsende-Problem" lösen zu können und den zum ersten Saison-Weltcup in Lillehammer weilenden Dieter mit seinen Schuhen zu versorgen. Nach dem Motto: „Wenn einmal der Wurm drin ist, dann aber auch mit aller Gewalt", mußte ich feststellen, daß die Schuhe schneller ihr Ziel erreicht hätten, wenn ich sie auf einem Bein hüpfend, lässig pfeifend über den Umweg über Sibirien persönlich zu Dieter gebracht hätte. Wie mittlerweile jeder weiß, konnte Dieter die Springen in Lillehammer auch ohne diese gewünschten Schuhe mit den Plazierungen eins und drei abschließen. Was allerdings nur ganz wenige wissen: Die Schuhe trafen weder in dieser Mittwochnacht, noch am folgenden Donnerstag und auch nicht am darauffolgenden Freitag wieder in Hinterzarten ein, sondern erst am Montag. Die Schuhe waren also wieder da, Dieter war schon lange wieder weg. Auf die Frage, ob ich das Paket meinem Mann weiter hinterherschicken wolle, konnte ich bei allem gebotenem Respekt nur noch in schallendes Gelächter ausbrechen. Fazit: Sollte ich jemals etwas nicht verschicken wollen oder zumindest nicht auf ein bestimmtes Ankunftsjahr meines Versandgutes wert legen, oder steht mir der Sinn nach nächtlichen Beschwerdeanrufen bei netten, jungen Herren, dann weiß ich, an wen ich mich wenden werde.

P.S. Die Versandgebühr wurde fairerweise zurückerstattet.   *Manuela Thoma*

endlich nach. Aber seit die Veranstalter ein paar Vorspringer heruntergelassen haben, können die Helfer im Hang und die Soldaten im Auslauf nicht so schnell treten und schaufeln, wie es wieder draufschneit. „Trial canceled", steht jetzt auf der Anzeigentafel.

Die Jury verzichtet auf den Probedurchgang und versucht, pünktlich um 9.30 Uhr den ersten Durchgang zu starten. Keiner der 60.000 Schneemänner wankt und weicht. Wann wird man je wieder die Chance haben, live mitzuerleben, wie Japaner den Europäern eine Spingerlektion erteilen. Zuletzt passierte das bei Olympia in Sapporo '72; also im Vierteljahrhundertrhythmus vielleicht erst wieder 2022 oder 2026?

Die Jury und alle anderen werden fürs Warten belohnt, es wird ein bißchen heller, der Schneefall läßt nach. Den Ball weg, die Springerstiefel an, es wird ernst. Kaum daß drei, vier Vorspringer den Neuschnee in der Spur plattgefahren haben (sollen), geht's auch schon los: Nummer 1-1 Paul Gayduk, Kasachstan, eröffnet die finale Sprunglaufentscheidung der Spiele, „K120 Team"... mit 87 Metern. Bei einem Meterwert von 1,8 entspricht das genau 0,6 Weitenpunkten. Der arme Kerl hatte genauso Schneepflug zu spielen wie nach ihm der Koreaner, der wie die meisten Koreaner Kim heißt. 13 Nationen sind am Start, aber eigentlich - pardon liebe Eidgenossen und Franzmänner - geht´s mit dem Team Nummer neun erst richtig los: Norwegen. Dann Österreich, Finnland, Deutschland mit der zwölf und Japan, in der umgekehrten Reihenfolge der aktuellen Weltcup-Mannschaftswertung also. Stensrud, Schwarzenberger und Nikkola, der schon sechsmal bei WM und Olympia Mannschaftsgold gewann, zerreißen nichts. Aber Hannawald, dem das Trainertrio nach seinem Trainings-

exploid eine Signalwirkung zutrauen, zu recht zutrauen: 125,5, Meter - der Sven fliegt wie in Bischofshofen oder Oberstdorf. Der Knoten ist geplatzt, das spitzbübische Lächeln verrät Freude und Stolz. Okabe springt vier Meter kürzer, nach Runde eins führt Deutschland!

Himmelhochjauchzend - zu Tode betrübt! Denn ausgerechnet der auf seinem Niveau stabilste der letzten Tage, Martin Schmitt, verpaßt bzw. verpatzt seinen ersten Sprung völlig: ganze 98 Meter, das heißt: Deutschland runter von eins auf vier; Japan übernimmt souverän die Führung, da Saitoh auf zehntausenden von schwingenden, Aufwind zaubernden Händen auf 130 Meter getragen wird. Fast 50 Punkte Vorsprung! Auch Österreich und Norwegen auf Medaillenplätzen.

Es zieht wieder zu, die Bedingungen werden problematisch, doch die Jury läßt weiterlaufen. Der Neuschnee bremst die Anfahrt: Ljökelsoy (NOR) - 93 Meter, Horngacher (AUT) - 104,5 Meter, Ahonen (FIN) - 101 Meter. Hansjörg Jäkle bleibt der Pechvogel: Der Beobachter sieht etwas weniger als nichts, die Videoweitenmessung sieht alles: 96 Meter.

Und jetzt Harada. Man ahnt, was kommt; er wohl auch, sucht verzweifelt - wie zuvor unser Mann - den Arm des Trainers, startet... und landet auch schon wieder. 79,5 Meter, Lillehammer läßt grüßen! Am liebsten würde er wohl nie mehr auftauchen aus dem weißen Paravant im Auslauf...

Das Fazit der dritten Runde: Petrus hat Gleichmacherei betrieben, die ersten fünf Nationen nach einer Achterbahnfahrt der Gefühle wieder sanft zusammengeführt.

Die Topleute der Topnationen machen's noch spannender: Brenden für Norwegen 133 Meter, Widhoelzl 123, Thoma - mit altem Ski, altem Anzug und altem Können satte 130, Funaki nur 118,5. Bei Halbzeit führt überraschend Österreich (ohne Goldberger) vor Deutschland, Norwegen und Japan. Der Abstand beträgt von Rang eins bis vier lediglich 13,6 Punkte, ganze 7,5 Meter, die Haltungsnoten außen vor.

„Notfalls springen wir heute nur einen Durchgang und morgen den zweiten", hat Rennleiter Walter Hofer vorher angekündigt. Theoretisch reicht auch einer, um Medaillen zu verteilen. Es flockt wie wild. Soll man jetzt das große Wetterchaos herbeisehnen? Das hieße womöglich Silber für „GER". Oder hat man im Sinne eines normalen, fairen Wettkampfes auf schnelle Wetterbesserung zu hoffen? Zwei Seelen wohnen - ach - in der Reporterbrust...

Der Beginn des zweiten Durchgangs muß mal wieder verschoben werden. In den 20 Minuten, die den Athleten zum Nachpräparieren von Ski und Kopf zustehen, sind mindestens fünf Zentimeter Neuschnee gefallen, und wenn sie vorne räumen - „menschinell" statt maschinell - ist der Auslauf hinten schon wieder eingeschneit. Aber die Verantwortlichen wollen unbedingt durchziehen, jagen die „kleinen" Sprungnationen im 35-Sekunden-Abstand in die weiße Tiefe, inklusive der Peterka, Jez und Freiholz, deren Leistungen im Mittelmaß der Kameraden untergehen.

Hannawald ist wieder eine feste Grö-

ße: 128 Meter - sicher, sauber, souverän. Aber Okabe, die Nummer vier der Japaner, zerstört sofort alle kühnen Träume, von Rang zwei noch weiter nach oben zu denken: 137 Meter - neuer Schanzenrekord. Nippon flippt aus, aber nur die Finnen verlieren den Anschluß, im Medaillenstreit ist sonst nichts entschieden.

Martin Schmitt („erst hab ich gedacht, alles ist aus nach meinem ersten Sprung, aber die Jungs haben mich prima aufgebaut") steigert sich um stolze 28,5 Meter, und man hört den Stein plumpsen bis zum Dach des Richterturms, wo Schneemann Heß die Bekkerfaust ballt. Martin macht trotz schlechter Haltungsnoten - ob seiner Sicherheitslandung - einen halben Punkt gut auf Japan mit Saitoh und hält Ottesen und Hoellwarth auf knapper Distanz. Jackson hat endlich mal normale Konditionen. Prompt lautet seine Herausforderung an Harada 123,5 Meter. Damit läßt sich leben und hoffen.

Die Kunst des Skispringens - so sagen die Japaner - besteht darin, den Fall so lange wie möglich hinauszuzögern. Harada folgt und folgt und folgt, bis ihm die Knie unter die Brustwarzen schlagen und der Hintern fast den Fersen-

Seiten 34/35: Das Skistadion im Schneesturm.
Seiten 36/37: Der Flug zu Silber mit dem Team.
Seiten 38/39: Der Jubel nach der Landung.
Seiten 40/41: Die Siegerehrung in Nagano.

Wer nicht hören will, muß fühlen...

Gerade hatte der achtjährige Dieter wieder einmal neue Ski bekommen. Er war mächtig stolz auf die Bretter, und sein Vater bläute ihm ein, sehr sorgsam mit ihnen umzugehen. Wieder ging ein langer Skitag zu Ende, an dem Dieter unermüdlich seinen Hinterzartener Hausberg runter gedüst war und sich mit dem Lift, der oberhalb seines Elternhauses endete, wieder hatte hinaufziehen lassen. Die letzte Abfahrt war vorbei, und Dieter war einfach zu bequem, für den „Abstieg" zur elterlichen Wohnung die Skier abzuschnallen. Er fuhr einfach die verschneite, mit Splitt für Autos befahrbar gemachte Straße hinab. Da kam ihm der Vater entgegen und blitzartig fiel ihm dessen Warnung ein. Zu spät, der Belag der neuen Skier hatte schon seine tiefen Kratzer abbekommen. Und für jeden gab es eine schallende Ohrfeige vom Vater.

keil touchiert: genau wie Okabe 137 Meter, Schanzenrekord eingestellt, das Stadion bebt... Und es erlebt fraglos eine Sternstunde des Skispringens. Welche Klasse, welche Rasse, welche Dramatik, welche Faszination!

Achte und letzte Runde: Unsere Jungs auf Platz zwei, eine Medaille zum Greifen nah, es prickelt. Weltmeister Finnland ist längst weg vom Fenster - ein Soininen reicht nicht, bleiben vier Nationen für drei Medaillen, eine zuviel. Widhoelzl überflügelt Brenden, damit Norwegen, mit seinen „japanischen" 136,5 Metern, sichert sich und Österreich die zweite Medaille und baut vor Thoma eine Riesenhürde auf. Wetter und Wind stimmen, aber Dieter macht auf dem „Donnerbalken" ein Gesicht, als beiße er gerade auf ein Pfefferkorn. Abstoß, Hocke, Absprung, aber dann... Er schneidet die Flugkurve, kommt viel zu flach über den Vorbau, ist „unterwegs" dem Aufsprunghang schon teuflisch nahe, streckt das Ding mit all seinem Kampfgeist und seiner Routine gerade noch bis zum kritischen Punkt. Das war eng! „Im Training hätte er den bei 90 Metern hingesetzt", urteilt Wolfgang Steiert am Abend danach und will das als Kompliment verstanden wissen: „Da siehste, was der wirklich drauf hat!" Dennoch, die Ausfahrt wird für Dieter zur Ewigkeit, Unzufriedenheit und Unsicherheit finden in heftigen, verzweifelten Schenkelschlägen ihren optischen Ausdruck - bis die „1" auf der Tafel aufleuchtet. Thoma hebt noch einmal ab und setzt für die Galerie einen seiner besseren Telemarks, die anderen hüpfen im Kreis: Silber - doch noch, welches Glück!

Erst der Aufschrei der Massen beim Namen Funaki erinnert unser orangefarbenes Kleeblatt überschwenglicher Freude daran, daß der Wettkampf noch gar nicht vorbei ist. Es bleibt gar keine Zeit, an Lillehammer zu denken...

Fuchs Funaki landet einen besseren Sicherheitssprung und weiß wie jeder im weiten Oval: Wieder Gold für Japan mit 35,6 Punkten, etwa 20 Metern Vorsprung vor Deutschland. Bronze für Austria.

Alle Entspannung mündet in drei Knäuel jubelnder junger Menschen. Wer registriert noch, daß es schneit? Das Stadion wird zum Vulkan der Emotionen, Harada heult wie ein Schloßhund in die Kamera, die eigentlich strahlende Helden ins Land transportieren soll. Der Gefaßteste scheint Hannawald zu sein, dem das Ganze vorkommen muß, als träume er nach einer jähen Unterbrechung seinen Januartraum zu Ende. Bei Jäkle lähmt, bei Dieter löst der Erfolg die Zunge, er gibt immer noch Interviews, als die Blumenzeremonie schon anläuft. Kurz darauf, nach dem Orkan um die vier Schlitzaugen, stehen die vier Langnasen (auf die Perspektive kommt es an) tatsächlich auf dem Podest mit der „2". „Also doch Adler und nicht Suppenhühner, oder?" Dieter kann sich Seitenhiebe auf die, die „uns längst abgeschrieben hatten" nicht verkneifen. „Jetzt sind die Schulterklopfer wieder da!" Und denen diktiert er mit neuem, altem Selbstvertrauen in den Block. „Wir waren nicht zu Unrecht bei Olympia. Wir wußten, wir können doch nicht alles verlernt haben!" Mal ehrlich, vor 24 Stunden war man sich da nicht so sicher...

Reinhard Heß schwillt die Brust: „ Seit 1994 kein Höhepunkt ohne Medaille. In Lillehammer wurde uns olympisches Gold geschenkt, hier haben wir uns Silber erkämpft, nicht erst heute. Zweimal so kompakt hinten, das hat wehgetan. Das Vertrauen war immer da, aber die Jungs haben sich selbst da rausgezogen, schließlich will keiner als Looser heimkommen."

Dem Schampus folgt die „Scheiß-Packerei". Aber auch die Heimreise. Olympia ade, die Familie ruft... und eine Woche später schon wieder die Weltcup-serie in Skandinavien.

Aber erst mal wird der Erfolg ausgekostet. Fast andächtig genießen die vier oben und die vier unten - Heß und Lorenz kämpfen mit den Tränen - die Siegerehrung in Nagano-City, die mehr Menschen anzieht als die 4 x 10 Kilometer-Staffel der Langläufer.

Im „Deutschen Haus" klingt Olympia '98 - dieses Wechselbad der Gefühle - aus, bis der Bus zum Flieger startet. „Nein, Nagano war kein Lillehammer", bilanziert Dieter mit immer noch

IOC-Präsident Juan Antonio Samaranch, Dieter Thoma.

klarem Kopf nach 17 Interviews und ebenso vielen Schlückchen, „weder vom Wetter her, noch den sonstigen Bedingungen. Und für unser Olympia der kurzen Wege in Hakuba ging die eigentliche Idee der Spiele, die Völkerverständigung, verloren. Schade!" Und nach einer kurzen Pause: „Es war trotzdem schön, Ende gut, alles gut."

Jetzt erst zeige ich ihm die kleine, blaue Broschüre mit den frommen Sprüchen und netten Geschichten, schlage die Seite 26 auf und bitte ihn, sich Zeit zum Lesen zu nehmen.

Dieter verzieht keine Miene, während seine Augen durch die Zeilen wandern. Bis zum Ende, das ihn verschmitzt lächeln läßt. Denn die Geschichte ist ein Gleichnis. Ein Gleichnis vom Adler, der nach seiner Integration in den Hühnerstall bei seinen ersten beiden Flugmanövern noch gestrauchelt war. Aber die Erzählung geht ja noch weiter (siehe unten).

Dieter Thoma hat schnell begriffen. Er schlägt das Büchlein zu. „Wenn's einer kann, verlernt er's nicht. Ich weiß, daß ich's kann. Und die anderen auch."

Hans-Reinhard Scheu

Der Adler, Teil 3

Am nächsten Morgen erhob er sich früh, nahm den Adler und brachte ihn hinaus aus der Stadt, weit weg von den Häusern an den Fuß eines hohen Berges.

Die Sonne stieg gerade auf, sie vergoldete den Gipfel des Berges, jede Zinne erstrahlte in der Freude eines wundervollen Morgens. Er hob den Adler und sagte zu ihm: „Adler, du bist ein Adler. Du gehörst dem Himmel und nicht dieser Erde. Breite deine Schwingen aus und fliege!"

Der Adler blickte umher, zitterte, als erfülle ihn ein neues Leben - aber er flog nicht.

Da ließ ihn der naturkundige Mann direkt in die Sonne schauen. Und plötzlich breitete er seine gewaltigen Flügel aus, erhob sich mit dem Schrei eines Adlers, flog höher und kehrte nie wieder zurück. Er war ein Adler, obwohl er wie ein Huhn aufgezogen und gezähmt worden war.

Bücher zum Abheben.

Urlaubszeit, Reisezeit. Wir stimmen Sie schon mal ein. Auf Land und Leute, Sprache und Kultur, Wind und Wetter. Mit Bildbänden, Reiseführern und nützlichen Urlaubstips rund ums Reiseziel. Für Wanderer und Weltenbummler. Für nah und fern. Für Wassermänner, Landratten und Überflieger. Angenehme Reise.

Kapitel 2

*Gemeinsam ist die
Schwarzwald-Connection stark.
Ein Freund ist ein Freund, egal, was im
Sport passiert - sagt Dieter Thoma.
Weiter in diesem Kapitel:
„Dittaaa Tommaaa, doits" -
wie die Japaner von ihm schwärmen,
was er zu den Spielen von Nagano zu
sagen hat, und wie Manuela Thoma vor
dem Fernsehapparat zitterte.*

Connection
Musketiere
Fernsehen

Ditttaaa Tommaaa, Doits...

Selbst die Japaner zollen ihm großen Respekt

Wenn japanische Fernsehkommentatoren Gefühlsausbrüche bekommen, dann klingt das für unsereinen, als werde ein Mensch gefoltert. Wenn japanische Fernsehkommentatoren beim Skispringen mitfiebern, dann ist alles noch viel schlimmer. Das Olympia-Mannschaftsspringen geht in seine entscheidende Phase. Der vorletzte Springer der Konkurrenz gleitet im dichten Schneetreiben den Anlauf hinunter. Die Stimme im Fernsehen verzerrt sich dramatisch. „Ditttaaa Tommaaa, Doits", schnarrt es aus dem Fernseher. Dann ein langgezogenes „Oiiiiiiii".
Dieter Thoma, Deutschland, landet bei 120 Metern. Als die Ziffer 1 auf der Anzeigetafel aufleuchtet, löst ein Strahlen die zuvor kritische Miene des Deutschen ab. Der Mann im TV schnattert in seiner Sprache einen Kommentar, der ein wenig nach Besorgnis klingt. Doch Funaki erlöst mit einem Sicherheitssprung seine besorgten Landsleute. Vor allem den Volkshelden Masahiko Harada, der im ersten Durchgang abgestürzt war, die einkalkulierte Goldmedaille in arge Gefahr gebracht hatte.
Harada rinnen die Tränen übers Gesicht. Er hat sein Schicksal besiegt, er ist jetzt kein „Sampan" mehr. Dieses Wort verwenden die Japaner für ganz besonders tragische Gestalten. Es heißt übersetzt soviel wie: „Der, der uns den Krieg verloren hat." Man wird Masahiko Harada nie mehr so nennen in seiner Heimat.
Etwas weiter im Hintergrund klatschen sich vier orangefarben gekleidete Sportler freudestrahlend ab. Die Deutschen haben Silber gewonnen. Und die Japaner gönnen es ihnen. Ditttaaa Tommaaa

ist einer, den sie respektieren. Oft schon hat er ihren Lieblingen das Fürchten gelehrt. In einem skisprungverrückten Land wie Japan gibt es dafür nur einen Lohn: Respekt.
Abends, auf der Fahrt zur Siegereh-

Gruß bei der Siegerehrung an Japans Fans.

rung, machen Dieter Thoma & Co. eine ganz neue Erfahrung. Zunächst bleibt das Auto ständig in der immer größer werdenden Menschenmenge stecken. Dann versuchen begeisterte Japaner den Wagen der Deutschen zu berühren. Martin Schmitt streckt einmal kurz die Hand hinaus und konnte schließlich froh sein, daß sie noch dran war, als er den Arm entsetzt wieder ins Auto zurückzog.

Dieter Thoma kam sich vor wie Mick Jagger: „Man hat uns behandelt wie Popstars." Das war die schöne Seite der Spiele in diesem fremden Land. Die Begeisterung der Menschen für das Skispringen. „Wir waren der Mittelpunkt, wie waren das Herz der Spiele", sagt Thoma. „Die Siegerehrung in Lillehammer vor 30.000 Zuschauern war schon phantastisch. Aber in Nagano war alles noch um eine Spur emotionaler."

Als er schließlich gemeinsam mit seinen Schwarzwald-Kumpeln neben den überragenden Japanern auf das Podest klettern durfte, hatte er eine schwere Zeit hinter sich. „Irgendwie lief am Anfang alles schief", gibt er zu. Allerdings ohne Verschulden der Skispringer.

Beim Quartier fing alles an. In das Hotel, das vom Nationalen Olympischen Komitee für die Wintersportler mit den höchsten Fernseh-Einschaltquoten ausgesucht worden war, wäre eine deutsche Schulklasse auf einem Jugendherberg-Trip nur unter Protest eingezogen. Im Land der Super-Computer und Mini-Handys war die Behausung mehr als bescheiden. Unsere Skispringer haben nun nicht gerade den Anspruch, im Hilton oder Ritz wohnen zu müssen, aber saubere sanitäre Anlagen wären schon eine nette Sache gewesen. Nur ein paar Kilometer von den armen Schwarzwäldern entfernt fehlte es den ruhmreichen deutschen Alpin-Damen an nichts. Das Hotel war fein, der mitgebrachte Leib-

koch bereitete schmackhafte Speisen zu. Unsere Skispringer sind keine Snobs mit Hang zum Neid, aber Dieter Thoma war trotzdem einigermaßen sauer: „Das war nicht gut, was man da mit uns gemacht hat."

Daß nach den Flops in den beiden Einzelkonkurrenzen am Ende doch noch Silber mit dem Team gelang, schrieben gewisse Teile der Presse einem Dinner mit den Skidamen am Tag vor dem Wettkampf zu. „Unsere Goldmädchen gaben den Springern Medaillen-Tips", hieß es danach in einigen Meldungen. „Unsinn", erklärt Thoma, „vielmehr war es so, daß die Mädchen uns eingeladen hatten. Wir kannten den Koch und hatten Kontakt aufgenommen, um endlich einmal wieder etwas Warmes zu essen zu bekommen." Denn der Hauskoch im deutschen nordischen Lager hatte offenbar Angst, die Nahrungsmittel durch Erhitzen zu beschädigen.

Als schließlich dann das Silber um den Hals' von Thoma und Co. baumelte, war die Welt für unsere Schwarzwälder wieder einigermaßen in Ordnung. Für Dieter Thoma war der Erfolg so viel wert wie der Olympiasieg von Lillehammer: „Ich ordne jede Medaille gleich ein. Es ist unglaublich schwer, solche Leistungen zu erzielen. Da ist zwischen Gold, Silber und Bronze kaum ein Unterschied."

Wenn da nicht die bedenkliche Behandlung durch Deutschlands oberste Sportführer gewesen wäre, wären alle glücklich aus Japan zurückgekommen. Doch die etwas stiefmütterliche Behandlung der vielleicht populärsten Athleten im Wintersport, stimmt den einen oder anderen leicht nachdenklich. Thoma: „Es geht auch um ein gewisses Selbstwertgefühl und die Anerkennung für das, was man in einem Jahrzehnt geleistet hat." In Japan, das steht fest, ist sie ihm gewiß: Da ist Ditttaaa Tommaaa ein Begriff.   *Frank Nägele*

47

Die Schwarzwald-Connection

Ein Freund ist ein Freund, egal was im Sport passiert

Der Schwarzwald als eine der malerischsten Regionen Deutschlands ist unter dem Namen „Black Forest" weltweit eine Touristenattraktion ersten Ranges. Die Kuckucksuhr ist zum Inbegriff des deutschen Souvenirs schlechthin geworden. Innerhalb weniger Quadratkilometer ballen sich die besten Küchen der Nation in Baiersbronn zu einer Art „Gourmet Valley", und dem Traditionalisten gehen die Märchen des Volksdichters Wilhelm Hauff ans Gemüt. In jüngerer Zeit ist der Schwarzwald aber auch zum Synonym für ein weiteres Qualitätsprodukt geworden: zu dem des Skispringens. Daß zuletzt ausschließlich Schwarzwälder bei Olympia für Deutschland an den Start gingen und die Silbermedaille im Mannschaftswettbewerb gewannen, ist zwar bemerkenswert, aber beileibe kein Zufall. Die „Schwarzwald-Connection" um Dieter Thoma ist das Produkt vieler Jahre Aufbauarbeit und einiger ungewöhnlicher Freundschaften. „Wir halten eben auch in schlechten Zeiten zusammen", sagt Thoma, „das unterscheidet uns wohl von den anderen Teams."

Wie das zu verstehen ist, zeigt sich am Fall des gebürtigen Thüringers Sven Hannawald, dem heute kein Mensch mehr anhört, daß er aus Erlabrunn, der Heimatgemeinde von Jens Weißflog stammt. Hanni, wie er von seinen Kumpels genannt wird, hat sich in sieben Jahren zu einem Hinterzartener wie aus dem Bilderbuch gewandelt. Und daran hat Dieter Thoma einen großen Anteil. „Er ist für uns wie ein zweites Kind", sagt er, der ja nur fünf Jahre älter ist. Von Anfang an haben sich die Thomas dieses Skisprungtalents angenommen.

„Der Hanni ist ein unglaublich sauberer, korrekter und selbständiger Mensch", sagt der Hausherr, bei dem Hannawald seine Hausschuhe stehen hat und dort ein und aus geht.

Ansonsten muß Hanni allein für sich in seiner kleinen Wohnung in Hinterzarten sorgen. Er kocht, wäscht, bügelt und organisiert alles selbst. Besonders die Kuchen des Junggesellen genießen im Freundeskreis höchste Wertschätzung.

Als Sven Hannawald seine schwerste Zeit durchmachte, als er vergeblich hungerte, um endlich so weit zu springen wie die anderen, fand er bei den Thomas Halt. Heute verbindet ihn mit Dieter eine symbiotische, eine wechselseitige Beziehung. „Ich habe ihm immer viele Tips gegeben und tue das auch jetzt noch", erklärt Dieter, „aber er gibt auch mir viele Tips." Viele davon sind psychologischer Art. „Der Hanni ist eine Frohnatur. Von ihm habe ich gelernt, die Dinge nicht immer gar so verbissen zu sehen." Andererseits tut dem Jungen auch ein bißchen von der Ernsthaftigkeit gut, mit der im Hause Thoma der Erfolg gesucht wird. „Manchmal muß ich ihm schon sagen, daß er nicht alles so locker angehen kann."

Momentan befindet sich die Entdeckung der Saison (Zweiter der Vier-Schanzen-Tournee, Zweiter Skiflug-WM) in einer neuen Lernphase. „Plötzlich sind unheimlich viele Leute um ihn herum, Berater, Manager, angebliche Freunde", sagt Dieter, der diese Erfahrungen alle schon hinter sich hat. Aber genau deshalb weiß er, daß es Dinge gibt, die man auch dem besten Freund nicht abnehmen kann. „Ich helfe ihm zwar, aber manche Erfahrungen muß der Hanni selbst machen. Er wird es packen."

Hansjörg Jäkle, den sie alle Jackson nennen, ist seit Jahren fester Bestandteil der „Schwarzwald-Connection". Der Schonacher gehörte bereits der Mannschaft an, die in Lillehammer die Goldmedaille gewann. Und als es in Hakuba darauf ankam, war auf ihn wieder Verlaß. „Er ist ein Athlet, der den Sport und alles, was damit zusammenhängt, unheimlich ernst nimmt", sagt Dieter, dem genau diese Eigenschaft auch beim Benjamin der Truppe, bei Martin Schmitt aus Furtwangen gefällt. Bundestrainer Reinhard Heß wollte ihn nicht ohne Grund unbedingt bei Olympia dabei haben. Sein Talent und seine Ruhe berechtigen zu den größten Hoffnungen für die Zukunft. Sein unglaubliches Potential hat Martin Schmitt in diesem Winter mit zahlreichen weiteren Flügen angedeutet. Leider schafft er pro Wettkampf meistens nur einen. Der Routinier Thoma ist zuversichtlich, daß sich das bald ändern wird. „Das ist alles eine Frage der Stabilität."

Vom fünften Mann der „Schwarzwald Connection" war diesen Winter eher wenig die Rede. 1994 war er mit der Mannschaft noch Olympiasieger, diesen Winter ist er einer der traurigsten Skispringer Deutschlands: Christof Duffner, der Weitenjäger aus Schönwald. Die Aufbauphase nach seinem Wadenbeinbruch hat viele Nerven und schließlich auch das Olympia-Ticket gekostet. Selbst auf den großen Schanzen, die er so liebt, kam er überhaupt nicht zurecht. Christof Duffner befindet sich in einem jener unerklärlichen Täler, die jeder Skispringer der Weltklasse mindestens einmal in seiner Karriere durchmachen muß. „Ich weiß, wie er sich fühlt, mir ist es selbst schon so gegangen," sagt Dieter, „du suchst den Anschluß und deine Form, du probierst alles, aber es geht nichts und keiner weiß, warum. Aber

genau in dieser Phase ist es wichtig, daß wir zu Duffi halten", sagt Dieter.

Natürlich hat Kameradschaft alleine noch nie eine Medaille gewonnen. Sie funktioniert erst richtig auf der Basis harter Arbeit und richtiger Entscheidungen. Wie gut, wenn man da ein geeignetes Vorbild hat. Ein Vorbild wie Dieter Thoma. „Ich will nicht zuviel Ruhm für mich in Anspruch nehmen", sagt er, „aber es ist offensichtlich, daß die anderen von mir und meinem Training profitiert haben." Bei aller Freundschaft hat sich Dieter im Training stets seine Individualität bewahrt. Während die anderen im Bundeswehrstützpunkt mit Wolfgang Steiert arbeiten, verläßt sich Dieter Thoma wie eh und je auf sein privates Team mit Vater Franz, der die Konditionsarbeit macht und auf Techniktrainer Karl Haßler. Die Philosophie dieser Gemeinschaft war einst etwas anders als die des Stützpunktes. Die Thomas haben der Schnellkraftarbeit den Vorzug gegenüber dem konventionellen Krafttraining gegeben. „Das hat der Wolfgang Steiert natürlich auch bemerkt", erklärt Dieter, „und seitdem er sein Programm in diese Richtung umgestellt hat, klappt's auch bei den anderen".

Auf Geheimhaltung ihres Erfolgsrezeptes legen die Thomas innerhalb des Schwarzwald-Kreises keinen Wert. Wenn denn ein anderer weiterspringt, so soll es denn sein. „Man muß klar trennen zwischen Freundschaft und Wettkampf", sagt Dieter, „ein Freund ist ein Freund, egal was im Sport passiert. Andererseits muß ich, wenn ich gewinnen will, alle schlagen - ob das der Hanni ist oder der Goldberger spielt keine Rolle. Wenn ich aber nicht gewinne, will ich natürlich, daß einer von uns es schafft." So funktioniert die „Schwarzwald-Connection". Erst die Freundschaft, dann die Leistung - zur Verbesserung von beidem.
Frank Nägele

49

Olympia vor dem Fernseher

Wie Manuela Thoma vor der Glotze mitzitterte...

Es ist Montag, der 9. Februar '98, 20.30 Uhr, nur noch 29 Stunden bis zum Wettkampf auf der kleinen Schanze. Seit einigen Tagen bin ich etwa so entspannt wie vor einer umfangreichen Wurzelbehandlung. Im Bildschirmtext stand heute, daß das Training aufgrund zu starker Schneefälle abgesagt wurde. Dieter erzählte mir am Telefon, daß das nicht stimmt. Ein Trainingssprung hat schon stattgefunden, und der war wohl gar nicht so übel.

Mei, ist mir schlecht. Jedesmal wenn mich einer im Ort oder sonstwo fragt, wie's dem Dieter geht und „ob er wohl eine Medaille gewinnt", würde ich mir am liebsten ein Gebüsch suchen. Gut, jeder weiß, daß die Springen in Japan meist extrem wetterabhängig sind, aber kaum jemand orientiert seine Ansprüche an Dieter und die deutsche Mannschaft daran. Heute rief jemand von der dpa an und wollte wissen, ob ich mir das Springen live ansehe oder ob ich ins Bett gehe und am nächsten Tag die Aufzeichnung begutachte. Ins Bett gehen??? Schlafen??? Rein theoretisch könnte ich ja um 19.30 Uhr, wenn der Kleine schläft, tatsächlich ins Bett gehen und um 1.30 Uhr wieder aufstehen. Praktisch würde ich dann aber sechs Stunden im Bett stehen, mit den Knien schlottern und jede Minute wie ein Schaf vor der Schlachtbank genießen. Wer weiß, vielleicht fällt das Springen ja auch aus, von wegen Bedingungen und so. Vielleicht wird es aber auch nur verschoben oder aber es findet statt und ich komme nicht rechtzeitig aus dem Bett oder, oder, oder..., oh mein Magen.

Es ist Dienstag, der 10. Februar, wieder 20.30 Uhr, nur noch fünf Stunden.

Heute rief jemand von SAT 1 an und fragte, ob es nicht eine tolle Idee wäre, wenn sie mich mit einem Kamerateam heute nacht vor dem Fernseher beobachten würden. Der Mensch fragte recht nett, doch mußte ich ihm unmißverständlich klarmachen, daß ich mich eher bei der nächsten Geburt filmen lasse, als beim Skispringen. Was wäre denn auf dem Film zu sehen, als ein aufgeschrecktes Huhn, das alle zehn Minuten aufspringt und aufs Klo rennt? Diese Kameras sind so ziemlich das unbarmherzigste, was es gibt. Als Dieter bei der diesjährigen Vier-Schanzen-Tournee in Oberstdorf stürzte, mußte ich mich ganz schön zusammenreißen, denn ansonsten wäre mein gesamtes Repertoire an gesammelten Flüchen über die Sender gegangen. Sollte es heute nacht gut laufen, dann werde ich ein Glas Sekt trinken, mich freuen und mir die Decke über den Kopf ziehen. Sollte es arg daneben gehen, dann werde ich auch ein Glas Sekt trinken und mir die Decke wohl etwas heftiger über den Kopf ziehen. In beiden Fällen kann ich kein Kamerateam gebrauchen. So, jetzt werde ich ins Bett gehen. Der Wecker ist gestellt.

Montag, der 16. 2., 21 Uhr, dieses Olympia zieht wie ein Alptraum an mir vorbei. Während mich das Ergebnis auf der kleinen Schanze aufgrund der Trainingsleistung nicht großartig schockiert hat, war ich nach dem Springen auf der Großschanze richtig platt. Dieter hatte sich hierfür sehr viel ausgerechnet. Das Training verlief ausgezeichnet und dann das... Als er am nächsten Tag anrief, hat er mir in seiner Ratlosigkeit unendlich leid getan. Die Springen verfolgte ich am Fernseher in unserem Gästezimmer.

Nicki, der normalerweise um diese Zeit fest schläft, wurde prompt zehn Minuten vor Beginn der Wettkämpfe wach und fand es natürlich klasse, daß nachts um diese Zeit die Kiste lief. Bei jedem Springer hüpfte er neben mir auf dem Bett und rief „Papa, Papa". Beim 62. Hüpfer hüpfte mein Herz mit, und zwar direkt in den Keller. Angesichts der zu erwartenden Presse der nächsten Tage hätte ich mich am liebsten bis an die

Happy-End im Schnee für Dieter und vor dem Fernseher für Manuela Thoma.

Zähne bewaffnet und bei jedem blöden Kommentar wild um mich geschossen. Was ganz besonders interessant war, war die Tatsache, wer sich auf einmal alles als „Kenner" der Skisprungszene beweisen wollte.

Nun denn, heute nacht findet der letzte Wettkampf statt, das Mannschaftsspringen. Die Trainingsleistungen von heute berechtigten zu größerer Hoffnung. Meine Hoffnung besteht unter anderem darin, mir nicht erneut die Decke über den Kopf ziehen zu müssen.

Dienstag, der 17. 2., Hurra, Hurra, Halleluja, es ist vollbracht !

Sie haben eine Medaille. Silber in der Mannschaft. Es war ein Krimi, der mir den kalten Schweiß auf die Stirn trieb.

Zeitweilig lagen wir auf Rang vier, dann wieder auf zwei. Am Ende mußte Dieter runter, Kristian Brenden hatte die Norweger mit 121 Metern in Führung gebracht, doch was kam dann? Andreas Widhoelzl aus Österreich springt 136,5 Meter, Wahnsinn! Unmittelbar vor Dieter läßt der Aufwind im zweiten Drittel spürbar nach. Das wird schwer. Dieter sitzt da oben und hat nur zwei Möglichkeiten: Entweder hält er die deutsche Mannschaft auf Silberkurs oder er versiebt es. Die Goldmedaille ist schon außer Reichweite und das ist gut so, denn sonst würde Dieter vermutlich zuviel riskieren und den Sprung nicht mehr stehen können. So angespannt, wie er da oben sitzt möchte man meinen, daß seine Fingernagelabdrücke noch heute im Balken sichtbar sind. Er stößt sich ab, springt, etwas unruhige Luftfahrt - und Landung bei 120,5 Metern. Das wird knapp!

Wird das knapp? Nein, es reicht! Silber für die deutsche Mannschaft, mit rund 15 Punkten Vorsprung. Dieter macht einen Jubelschrei, ich mache einen Freudenschrei und Nicki macht einen „Ich-bin-gerade-aufgewacht-Schrei". Ich bin mordsstolz auf die vier Jungs und wie mein Sohn kein bißchen müde, obwohl es schon nach 4 Uhr ist. Nicki sieht seinen Vater beim Interview: „Fein, Papa". Ja, Nicki, das hat der Papa fein gemacht und morgen kommt er endlich wieder nach Hause.

Wie die vier Musketiere

Nach der Rückkehr aus Nagano - Interview mit Dieter Thoma

Wieder ein jubelnder Empfang in Hinterzarten. Haben Sie damit gerechnet?
Meine Heimatgemeinde wollte schon einen Empfang ausrichten nach der Skiflugweltmeisterschaft, aber aus Rücksicht auf unseren gedrängten Terminplan ließ man uns die knappe Zeit des Aufenthaltes daheim für die Familie. Man hat sich auf einen Termin nach den Olympischen Spielen geeinigt, an dem dann die gesamte Mannschaft empfangen werden sollte. Ob ich damit gerechnet habe? Die Antwort lautet: Ja, denn wir hatten dieses Jahr wirklich sehr viele Erfolge, und wenn man diese nicht mehr mit einem Empfang feiern kann, dann stimmt irgendetwas nicht. Sicher - Hinterzarten ist etwas verwöhnt, weil wir in den letzten Jahren einige Erfolge zu verzeichnen hatten. Es ist für die Hinterzartener nichts Neues mehr.

Die Silber-Medaille für das Team war eine Glanzleistung. Wie erklären Sie sich nach den - sagen wir - mittelmäßigen Leistungen in den Einzelspringen diese Steigerung? War es eine Trotzreaktion?
Naja - Trotzreaktion. Mit Gewalt geht nichts. Wir können ja alle gut springen, was wir schon oft bewiesen haben. Im letzten Wettkampf haben wir halt mal wieder alles „auf den Punkt gekriegt". Wir haben unser normales Potential gezeigt. Wenn man auf einem Höchstleistungsniveau Sport betreibt, dann muß alles passen, damit man letztendlich auch eine Medaille gewinnt. Außerdem haben wir zum wiederholten Male gelernt: Es gelten bloß die ersten Drei! Wir wollten es den Medienvertretern, die uns wegen der Plazierungen in den Einzelspringen „rund" gemacht hatten,

zeigen. Denn, wer uns als „Suppenhühner" bezeichnet, hat wirklich keine Ahnung. Zugegeben: Man hat eine gehörige Wut im Bauch, wenn von einigen wenigen, vielleicht sogar nur von einer Redaktion, Meinungsmache für Millionen betrieben wird. Das ist ungerecht und auch undankbar gegenüber unseren schon erbrachten Leistungen.

Hegt man beim Mannschaftsspringen andere Gedanken als beim Einzelwettkampf?
Ja, beim Einzelwettkampf ist man ganz auf sich selbst konzentriert und will am liebsten von den anderen Springern gar nichts mitbekommen - nur ungefähr, wie weit es geht. Beim Mannschafts-Springen fiebert man mit jedem mit - es kommt richtiger Teamgeist auf. Ja, man fühlt sich wie die vier Musketiere. Wenn sich dann noch Erfolg einstellt - super.

Welche Gefühle hatten Sie, als der Gewinn der Silbermedaille feststand?
Befreiung und Erleichterung, weil wir uns selbst aus der Patsche geholt haben, Dank an die Fans, die Getreuen und die Zuschauer, die zu uns gehalten haben, bis hin zur Schadenfreude gegenüber denjenigen, die uns trotz eigentlich akzeptabler Leistung, denn immerhin habe ich in den Einzelspringen die Plätze 13 und 12 belegt, fallen gelassen haben.

Wie lautet Ihr Vergleich der Spiele Lillehammer - Nagano?
Nagano hatte es natürlich sehr schwer, wenn man schon einmal die optimalen Spiele von Lillehammer erlebt hat. Dazu kamen nach dem Traumwetter von Lillehammer die wechselnden Wetter-

bedingungen in Nagano. Hagel, Schnee, Regen bis Sonne - wir haben alles mitgemacht. Außerdem noch die Enttäuschung über das Hotel. Obwohl die Wettkämpfe an sich nichts mit der Unterkunft zu tun haben, spürt man doch ein ganz anderes Flair, wenn man gut untergebracht ist, möglichst im Olympischen Dorf. Man bekommt dann ein ganz anderes Selbstwertgefühl, das sich natürlich positiv auf die Gesamtstimmung und so unter Umständen auf die sportliche Leistung auswirken kann.

Wie stark belastet Sie die Verantwortung, als letzter Springer des Teams vom Bakken herunter zu müssen? Oder hat es Sie vielleicht sogar beflügelt?

Eigentlich ist es eine Mischung aus beiden Gefühlen. Es beflügelt mich, weil ich mich geehrt fühle, daß die Kameraden mich zum Kapitän gemacht haben. Das bedeutet, daß sie mir zutrauen, im letzten Sprung für uns noch etwas bewirken zu können, daß ich einer bin, vom dem sie glauben, daß ich genügend Nervenstärke besitze. Belastet hat mich der Umstand, als Letzter springen zu müssen, selbstverständlich auch. Ich hatte einfach Angst vorm Versagen. Die Angst davor, den Erwartungen nicht gerecht zu werden.

Hat Bundestrainer Heß zwischen den Durchgängen mit Euch gespochen?

Ja, wir reden eigentlich dauernd über Funk miteinander. Da werden die Sprün-

ge analysiert und es wird jedem Mut zugesprochen.

Wie war die Stimmung in der deutschen Mannschaft?

Kurze Antwort: Wir haben das beste daraus gemacht.

Wie gefiel Ihnen die japanische Lebensart? Können Sie sich vorstellen, in Japan zu leben?

Nein, niemals. Es macht zwar Spaß, mal eine Woche oder zwei in Japan zu sein, aber die ganze Lebensart ist so weit weg von der unsrigen oder derjeni-

HeimkehrerThoma, Jäkle, Schmitt, Hannawald (von links): Empfang in Hinterzarten.

gen, die ich als die Optimale ansehe. Ich nehme gerne alles ein wenig leichter. Japan sollte man zwar gesehen haben, aber dort leben könnte ich aus vielen Gründen nicht: Zum Beispiel ist das Essen nicht mein Fall, und auch der Stellenwert der Frau ist sehr niedrig angesiedelt. Ich halte die Lebensart der Japaner einfach für zu extrem.

Und wie endete derVersuch, mit Stäbchen zu essen?

Ich hatte keine Probleme damit. Ich war schon oft genug in Japan und hatte Gelegenheit, dies zu üben.

Aufgezeichnet von Werner Kirchhofer

Dieter Thoma
und Bad Dürrheimer
die starken
Schwarzwälder

Unter den Guten
zwei der Besten.

BAD DÜRRHEIMER

Kapitel 3

*Vom Schülerspringen in Altastenberg,
über Erfolge im Weltcup bis hin zum
Olympiasieg in Lillehammer. Ein weiter
Weg mit Höhen und Tiefen,
Triumphen und Niederlagen,
mit dem historischen Sieg bei der
Vierschanzentournee, aber auch mit
schlimmen Verletzungen.
Eine Sportlerkarriere, oder ganz einfach:
Thomas Tops und Flops.*

Thomas Tops und Flops

Von Altastenberg nach Nagano

Der sportliche Weg: Enttäuschungen, Hoffnungen und ein Olympiasieg

Schüler-Skifeste gibt es im Schwarzwald seit Jahrzehnten, sie sind zu einer liebgewordenen Tradition geworden. So manche große Laufbahn begann bei diesen unbeschwerten Treffen der Buben und Mädchen im nordischen und alpinen Skisport, die Jahr für Jahr mehr gefördert wurden.

Stolzer Skibesitzer.

Ski-Nordisch, Ski-Springen: 1979, in Friedenweiler im Schwarzwald, stand ein kleiner, neunjähriger Knirps auf dem Siegerpodest, oberstes Treppchen. Auf der Fürst-Joachim-Schanze hatte der Junge mit 23 und 23,5 Metern gewonnen und stolz den ersten Siegerpokal in Empfang genommen. Dieter Thoma hieß der Knabe, und es gab nicht weni-ge, die damals stutzten: Thoma? Thoma? Etwa einer aus Hinterzarten? Thoma - Hinterzarten - ja da war doch irgendwann mal irgendwas? Ob dieser Junge wohl zur bekannten Ski-Dynastie der Thomas gehörte?

Er gehörte: Großvater Albert war Skilehrer und Langlauftrainer, Vater Franz Langläufer der Nationalmannschaft, Onkel Georg Olympiasieger und Weltmeister in der Nordischen Kombination. Das geneigte Fach-Publikum nahm sich vor, auf die weitere Entwicklung dieses Buben mit den rotblonden Haaren etwas genauer zu achten. Grund dazu sollte dieser heranwachsende Sportler noch genug liefern.

Erste Sprünge von der Schanze: Dieter Thoma mit sechs Jahren.

Zwei Jahre später: Der inzwischen Zehnjährige unternahm die erste große Reise zu einem wichtigen Skiwettkampf. Altastenberg, ein kleiner Ort im Sauerland, hieß das Ziel. Dort wurden diesmal die Deutschen Schülermeisterschaften ausgetragen. Dieter Thoma war in

Großer Sieg beim Schülerskifest in Hinterzarten.

der Klasse III, der Kategorie der Jüngsten, gemeldet. Mit Startnummer eins eröffnete er die Durchgänge. Es wurde ein großer, ein unvergeßlicher Tag für die Buben aus dem Schwarzwald. Heiko Gasche und Andreas Scherer vom Skiverein Rohrhardsberg in Schonach belegten die beiden ersten Plätze, Dritter wurde Dieter Thoma, und es ging für ihn an diesem stolzen Tag mehr als doppelt soweit hinunter wie damals in Friedenweiler: 37 und 39 Meter flog der mutige kleine Feuerkopf ins Tal hinunter.

Jetzt blickten nicht nur die Experten aus dem Schwarzwald auf ihn, begannen seinen Namen in diverse Notizbücher einzutragen, oder auf geheimnisvollen Listen zu notieren. Auch beim Deutschen Skiverband merkte man sich seinen Namen bereits vor, zumal er von da an auf allen Ebenen im Spezialspringen immer ganz vorne mit dabei war und von den meisten Wettbewerben als Sieger nach Hinterzarten heimkehrte.

Kein Wunder also, daß der 15jährige Dieter Thoma 1984 in den C-Kader des Deutschen Skiverbandes aufgenom-

men wurde. Damit kam Dieter unter die Fittiche von Peter Schwinghammer und später Ewald Roscher, dem „Skisprung-Professor" aus Baden-Baden und deutschen Bundestrainer, der schon dessen Onkel Georg beim Olympiasieg in Squaw Valley trainiert hatte. Roscher hielt sehr viel von diesem Talent und benannte Thoma als jüngsten Teilnehmer für die Vier-Schanzen-Tournee 1984/85. Den ersten ganz großen Erfolg auf der internationalen Springerbühne feierte er ein Jahr später. Hatte er bisher bei verschiedenen Auslandsstarts internationale Atmosphäre nur schnuppern dürfen,

Triumph beim Schülerspringen.

57

Stilistische Fortschritte...

...bei den Sprüngen in Hinterzarten schon sichtbar.

so saß er jetzt mit an der Tafel der großen Springerstars wie Jens Weißflog, Ernst Vettori, Opaas, Suorsa, Tepes, Puikkonen - wie sie zu jener Zeit alle hießen.

Und er zeigte ihnen gleich, was in ihm steckte. Vor allem der Neujahrstag in

Kein Platz für C-Kader

Es gab Zeiten, da herrschten unter den deutschen Springern strenge Sitten. Zum Training fuhr das Nationalteam im eigenen Bus. Einmal jedoch setzte sich der noch dem C-Kader angehörende Dieter Thoma in diesen Bus. Er durfte allerdings nicht lange sitzen bleiben.,,Der Bus ist nur für die Nationalmannschaft. Fahr' Du mit einem anderen", bedeutete ihm einer der Privilegierten. Und Dieter mußte wieder aussteigen.

Garmisch-Partenkirchen wurde ein echter Feiertag für den Realschüler aus Hinterzarten: Den ersten Durchgang beendete er mit einem 100-Meter-Sprung auf dem 13. Platz, dann legte er noch 96 Meter dazu und war Elfter. Das war sensationell gut für einen Einsteiger. Selbst der im allgemeinen so gar nicht euphorische Ewald Roscher geriet ins Schwärmen: ,,Endlich haben wir einen,

der von der körperlichen Konstitution her in die Landschaft der internationalen Spitzenklasse paßt", freute er sich mit einem Blick auf den sich damals gerade vollziehenden Wechsel von den springenden Kraftpaketen zu den eher schmalen, leichtgewichtigen Springern.

Die Tournee freilich war für Dieter Thoma in Partenkirchen schon zu Ende. Ewald Roscher nahm ihn aus dem Wettbewerb. Der erfahrene Trainer wollte das Talent behutsam formen, er plante, es langsam aufzubauen, er wollte es unter keinen Umständen ,,verheizen". In aller Ruhe sollte es reifen, Dieter Thoma sollte sich konzentriert auf die Junioren-Weltmeisterschaften in Lake Placid in den USA vorbereiten. Die Nominierung ohne weitere Qualifikation war Roschers Lohn für den elften Rang in Garmisch. Dieter Thoma war nicht traurig darüber, daß er in Innsbruck und Bischofshofen nicht mehr starten durfte. Er freute sich auf die Reise in die USA - immerhin war es sein erster Überseeflug. Etwas lang kam er ihm freilich schon vor. Ein Erlebnis aber war diese Reise für den Buben aus Hinterzarten allemal. Er bestaunte im Wintersportort im Staate New York die amerikanische Lebensart. Und da

Schon mit 10 Jahren hochkonzentriert:
Dieter Thoma vor einem Wettkampf (Bild rechts).

Sommerskispringen in Bischofsgrün.

waren ja auch noch die Wettkämpfe. Mit seinem sechsten Platz im Einzelwettbewerb war er nicht zufrieden. Er hatte mehr gewollt - er hatte ehrgeizig von einer Medaille geträumt. Die holte Christian Rimmel, der Allgäuer aus Buchenberg gewann Silber.

Vorher allerdings hatte es eine Krönung gegeben. Mit Rimmel, dem Berchtesgadener Robert Leonhardt, Friedrich Braun aus Baiersbronn und Dieter Thoma gewann Deutschland die

Zum erstenmal Deutscher Meister.

Goldmedaille im Mannschaftsspringen. Und Dieter Thoma trug mit 92 Metern und Tagesbestnote im letzten Sprung entscheidend dazu bei, daß Italien und die Sowjetunion mit den beiden anderen Medaillenrängen zufrieden sein mußten.

Kaum aus den USA zurückgekehrt passierte das Malheur, ein schlimmer Sturz auf der heimischen Adler-Schanze. Die niederschmetternde Diagnose: Kreuzbandriß. Die Saison war vorbei,

Kreisjugendskitag auf dem Feldberg.

Josef Neckermann gratuliert bei der Wahl zum Junior-Sportler des Jahres 87. Dieter Thomas wurde Sechster.

vorbei waren auch die Träume von einem ersten Start am berühmten Holmenkollen über Oslo. Doch erstaunlich schnell verlief der Heilungsprozeß nach der Operation in Rheinfelden: Am 28. Februar war er gestürzt, im August nahm er bereits wieder das Training auf und am 1. September, beim internationalen Mattenspringen auf der Adler-Schanze, konnte er schon wieder starten. Daß er dabei nur Siebzehnter wurde, war sogar ein Erfolg. Die Hauptsache war jedoch, daß das linke Knie hielt und er wieder einigermaßen beschwerdelos springen konnte. Die Saison 1986/87 konnte kommen. Dieter Thoma war darauf vorbereitet.

Erstmals Deutscher Meister

Es war Weltmeisterschafts-Saison - in Oberstdorf wurden die Titelträger ermittelt. Das Tournee-Springen und die Deutschen Meisterschaften waren nicht nur organisatorisch, sondern auch sportlich Generalproben für die WM. Die

Der Feuerwehr-Unfall

Es war in Thunder Bay, Kanada. Wie immer hatten die Springer ihre Anzüge an alle verfügbaren Haken gehängt. Einer dieser Haken wurde jedoch zweckentfremdet: Er gehörte zu einem der Feuermelder des Hotels. Schrill ertönten die Alarmsirenen, und sofort rollte die Feuerwehr an. Der Fahrer des ersten Wagens wollte mit Feuereifer so schnell und so nahe wie möglich an das Haus heran, übersah aber, daß sein Fahrzeug deutlich höher war als der Hoteleingang. Mit voller Wucht krachte das Löschfahrzeug in den Windfang vor dem Eingang. „Es sah komisch aus, und wir, die Schuldigen an dem Malheur, konnten uns das Lachen nicht verkneifen", schmunzelt Thoma heute.

1986 noch ohne V-Stil.

Hupen statt Applaus

In Thunder Bay lernte Dieter Thoma eine für ihn völlig neue Sitte kennen. Die Schanzen in der kanadischen Stadt im Staat Ontario liegen außerhalb der City. Die Zuschauer fahren mit dem Auto hin, parken das Gefährt am Auslauf - und bleiben einfach darin sitzen. Bei guten Sprüngen drücken sie kräftig auf die Hupe - das ist ihr Beifall. Andere Länder, andere Sitten.

Tournee wurde für Dieter Thoma ein Flop: Nach Oberstdorf, wo er nur 82. wurde, und Garmisch-Partenkirchen, wo er den 81. Rang belegte, mußte er aus dem Wettbewerb aussteigen. Das verletzte Knie hielt zwar, aber restlos waren die Verletzungsfolgen eben doch noch nicht überwunden. Eine Hemmschwelle war geblieben.

20 Tage später sah es bei den „Deutschen" schon besser aus. Der dritte Platz auf der 90-Meter-Schanze war ein guter Auftakt, und auf der 115-Meter-Schanze war der junge Thoma wieder der „alte".

Überraschend wurde der Schonacher Gastwirtssohn Rolf Schilli zum schärfsten Rivalen, er lag nach dem ersten Durchgang mit seinen 110 Metern in Führung. Thoma sprang einen halben Meter weniger. So war es auch im zweiten Durchgang. Aber Schilli bekam die wesentlich schlechteren Haltungsnoten für seinen 108-Meter-Satz. Dieter Thoma wurde mit seinen erst 17 Jahren zum ersten Mal Deutscher Meister.

Bei den Weltmeisterschaften, die Oberstdorf als großes Skifest ausrichtete, war die Ausbeute gering. Der 20. Platz zwischen dem finnischen Springerstar Matti Nykaenen und dem erfahrenen Andreas Bauer aus Oberst-

dorf auf der 115-Meter-Schanze und der 49. Platz vor dem Österreicher Andreas Felder vom 90-Meter-Bakken herab konnten Dieter Thoma nicht befriedigen. Auch der sechste Platz im Mannschaftsspringen zusammen mit Andreas Bauer, Peter Rohwein und Thomas Klauser war eher eine Enttäuschung für ihn. Die Weltmeister kamen aus anderen Regionen. Andreas Felder (Österreich), 1997 Trainer der deutschen Kombinierer, Vegard Opaas (Norwegen) und Ernst Vettori (Österreich) belegten auf der großen Schanze die drei ersten Ränge, Jiri Parma (damals Tschechoslowakei), Matti Nykaenen (Finnland) und Vegard Opaas auf der kleineren. Mit Ausnahme des deutschen Titels konnte Dieter Thoma die Saison abhaken - aber immerhin, eine Deutsche Meisterschaft war auch nicht zu verachten.

Der Winter 1987/88 ließ sich da schon besser an: Siebter in Oberstdorf mit einem 111-Meter-Sprung, Fünfter in Garmisch-Partenkirchen, Achter in Innsbruck - hinter Nykaenen und Weißflog - lag er nach diesen drei Springen an dritter Stelle der Vierschanzentournee. Auf dem großen Bock von Bischofshofen ging's dann schief. Daß er zum Abschluß nicht mehr punktete, kostete ihn auch den hervorragenden Platz in der Gesamtwertung: An dritter Stelle lag er nach Innsbruck, da er aber von da an keinen einzigen Weltcup-Punkt mehr holte, fiel er auf Rang 16 zurück. Matti Nykaenen wurde Weltcupsieger. Vom Winter-Anfang einmal abgesehen, war der Schluß dieses Winters nicht nach Dieters Geschmack.

Erste Weltcup-Siege

Im internationalen „Geschäft" freilich war Dieter Thoma mit seinen erst 19 Jahren schon voll integriert. Die Konkur-

Seite 64: Gespannte Beobachtung der Konkurrenten.
Seite 64/65: Erste V-Versuche im Training.
Autogrammjäger in Garmisch nach Platz elf 1986.

renten beachteten den jungen Schwarzwälder, er gehörte zum festen Kreis der Weltcup-Springer. Intensiv hatte er sich vorbereitet, denn schließlich standen die Weltmeisterschaften im finnischen Lahti im Programm dieses Winters. Und dieser begann mit einer Sensation.

Die Weltcup-Serie wurde in Übersee eröffnet, im kanadischen Thunder Bay. Und dort trumpfte Dieter Thoma auf wie noch nie zuvor: Er gewann am ersten Tag vor den Finnen Matti Nykaenen und Risto Laakonen und war der erste Spitzenreiter der Weltcup-Liste. Es war gleichzeitig Dieters erster Weltcupsieg. Am zweiten Tag bestätigte er seine Weltklasseform mit einem dritten Platz hinter Nykaenen und dem Norweger Johnsen. Auch die Ränge vier in Lake Placid und sieben im japanischen Sapporo waren eine Bestätigung für die hervorragende Verfassung dieses Schwarzwälders, der sich nun anschickte, die Skiwelt zu erobern. Und in Sapporo - so erinnert er sich - sagte Nykaenen: „Du bist der Einzige, der mich mit fairen Mitteln schlagen kann."

Natürlich waren die Beobachter der Szene riesig gespannt, ihn in der Heimat zu sehen. Beim Tournee-Auftakt in Oberstdorf waren alle Augen auf ihn gerichtet. Und er behielt die Nerven und konnte die hohen Erwartungen erfüllen. Mit 115 Metern übernahm er im ersten Durchgang gleich die Führung vor Laakonen, der bei 112,5 Metern landete. Ernst Vettori, der kleine Tiroler, folgte auf Rang drei vor Jens Weißflog. Man glaubte, die Spannung der etwa 30.000 Zuschauer an der Schattenberg-Schanze knistern hören zu können. Doch sie konnte Dieter Thomas Nerven nichts anhaben. Seine 110 Meter waren erneut die größte Weite, Laakonen kam auf 105 Meter und rettete den zweiten Platz vor Nykaenen, der jetzt 109,5 Meter erreichte und Dritter wurde, während Weißflog mit 103 Metern Vettori noch

Privater Empfang nach der Goldmedaille bei der Junioren-WM 1986 zuhause in der Ski-Hütte Thoma.
S. 68/69: Anfahrtsstellung in Oberstdorf beim ersten Wettkampfsprung 1991.
S. 71: Absprungimitation kurz vor einem Sprung in Hinterzarten.

überholte. Sieben Punkte Vorsprung hatte Dieter am Schluß - bei der Dichte der Weltklasse eine ganze Menge. Unbeschreiblicher Jubel galt Dieter Thoma bei der Sieger-Präsentation. Die Eltern kamen nicht einmal dazu, ihm zu gratulieren, so dicht war das Gedränge um ihn. „Lassen wir ihn den Leuten, wir haben ihn ja zu Hause", nahm's Vater Franz von der heiteren Seite. Und schaute - wer wollte es ihm auch verdenken - stolz auf das Gedränge um seinen Sohn.

In Garmisch behauptete Dieter Thoma seine Tournee-Führung mit einem vierten Platz, 6,5 Punkte hinter Nykaenen, der mit 109 und 102 Metern vor Jens Weißflog (104 und 100) sowie Laakonen (107 und 99,5) gewann. Als es nach Innsbruck ging, hatte Thoma noch vier Punkte Vorsprung auf Risto Laakonen und Nykänen. Dort gab es einen Überraschungssieger: Jan Bokloew aus Schweden, der „Erfinder" des V-Stiles, ließ Ari-Pekka Nikkola, den erfahrenen Finnen, hinter sich, dann folgten Weißflog, Vettori und Nykaenen. Und Dieter Thoma, den die vielen deutschen Zuschauer wieder gewaltig feierten? Er verpatzte den ersten Sprung total und landete mit 88,5 Metern weit hinten. Mit Wut im Bauch stieg er den Turm wieder nach oben, er legte alles in seinen zweiten Sprung, er flog auf 104,5 Meter hinunter, die fünftbeste Weite des Durchganges und landete schließlich auf dem 14. Platz. Jens Weißflog hatte die Führung in der Tournee-Wertung mit 1,5 Punkten Vorsprung vor Nykaenen übernommen, Thoma war auf den vierten Platz hinter Laakonen abgerutscht, 14,5 Punkte hinter Jens Weißflog, 13 hinter Nykaenen. Der Traum vom Tourneesieg war ausgeträumt. Dieser Rückstand war in Bischofshofen nicht mehr aufzuholen. Und dort gab es eine

Heimtrainer Karl Hassler und Vater Franz beobachten die Sprünge auf Video und geben Tips zur Korrektur.

Sichere Anfahrtsposition.

Sensation: Der Amerikaner Mike Holland gewann und Laakonen sicherte sich den Gesamtsieg der Tournee.

Nykaenen und Weißflog landeten im geschlagenen Feld. Dieter Thoma landete auf Rang vier der Gesamtwertung mit insgesamt umgerechnet vier Metern Rückstand auf den Gesamtsieg. Im Weltcup freilich blieb

Ein Lächeln für den Fotografen.

Thoma vorne dabei. Mit zwei Siegen in den 20 Konkurrenzen und je einem zweiten und dritten Platz belegte er hinter Bokloew und Weißflog den dritten Rang - immerhin vor Matti Nykaenen.

Erster Tournee-Sieg

Die Saison 1989/90 sollte zur bis dahin besten des Dieter Thoma werden. Wieder ging es

73

'91FIS ジャンプワールドカップ札幌大会

Sieg in Sapporo in der Saison 90/91.
S.74/75 : Großes Bild - 1991 in Bischofshofen. Kleines Bild - Zweiter Sieg in Oberstdorf vor Sepp Heumann und Jens Weißflog.

Nykaenen wurde er aber nur Fünfter.

In der Tournee-Wertung hatte Thoma noch 2,5 Punkte Vorsprung vor Weißflog, der in bester Form war. In Innsbruck, wo Nikkola vor Weißflog gewann, während Dieter Thoma nach 109 Metern im ersten Durchgang im zweiten mit 100 Metern den Anschluß verlor, übernahm Weißflog die Führung. 6,5 Punkte lag er vor dem Hinterzar-

zum Auftakt nach Übersee, wieder nach Thunder Bay. Und wieder schlug er in der „Donnerbucht" zu: Er gewann vor dem Österreicher Heinz Kuttin und Ari-Pekka Nikkola auf der Normalschanze. Zu seinem großen Triumph aber wurde die Vierschanzen-Tournee, und da ging es richtig spannend zu.

In Oberstdorf wurde er wie im Jahr zuvor gefeiert. Mit 113,5 und 108 Metern gewann er, und sein größter Gegner war Sepp Heumann aus Oberaudorf, der eine Sternstunde hatte und auf 113 und ebenfalls 108 Meter kam. Jens Weißflog wurde mit 109 und 107 Metern Dritter, sieben Punkte hinter Thoma. In Garmisch hatte Weißflog die Nase vorne: 101 und 103 Meter reichten ihm zum Sieg vor Laakonen und Frantisek Jez aus der Tschechoslowakei. Dieter Thoma sprang mit 103,5 und 101 Meter in der Riege der Topspringer mit, hinter

tener, als in Bischofshofen die Entscheidung fallen mußte. „Ob ich das schaffe? Jens ist doch so gut drauf."

Dieter Thoma hatte Zweifel. „Aber ich werde es versuchen", versprach er. Und flog gut. Im ersten Durchgang standen 106,5 Meter von Thoma gegen 102,5 Meter von Weißflog. Bessere Haltungsnoten hatte Thoma auch - Weißflogs Vorsprung schmolz auf 1,5 Punkte zusammen. Jetzt war alles Nervensache, und seine Nerven hatte Dieter Thoma - in dem sicheren Gefühl, daß seine Form stimmte - fest im Griff. Weißflog wußte, daß ihm nur noch ein Riesensatz den Tournee-Sieg bringen konnte. Er wollte, wie es seine Art war, voll angreifen. Er wollte, aber er verpatzte den Sprung total. 98 Meter wurden für ihn gemessen. Dieter Thoma aber flog auf 111,5 Meter hinaus - die größte Weite in der gesamten Konkurrenz. Er wurde in

Das Springer-Team 1991 - aufgenommen in Oberstdorf.

Bischofshofen hinter dem erstaunlich ausgeglichen springenden Frantisek Jez (110 und 109 Meter) Zweiter und hatte jetzt 22 Punkte Vorsprung auf Jens Weißflog. Jez hatte sich zwischen die beiden Deutschen geschoben, Tournee-Sieger aber war Dieter Thoma. Wieder wurde der Schwarzwälder von den vielen deutschen Zuschauern frenetisch gefeiert. Sein Tournee-Gesamtsieg zählte international. In der Fachwelt wußte man sehr wohl den hohen Stellenwert dieses Erfolges einzuschätzen. Immerhin war die gesamte Weltelite am Start und immerhin hatte es gegolten, auf vier verschiedenartigen Schanzen zu bestehen. Das verlangte in der Tat ein hohes Maß an Vielseitigkeit.

In Harrachov holte Dieter seinen dritten Weltcupsieg der Saison vor den Tschechen Dluhos und Parma, beim Finale in Planica wurde er hinter Nikkola Zweiter - das ergab in der Weltcup-Schlußabrechnung den vierten Rang hinter Andreas Felder, Ari-Pekka Nikkola und Ernst Vettori. Es gab in dieser Saison nur noch einen größeren Erfolg: Die Weltmeisterschaft im Skifliegen im norwegischen Vikersund, über die an anderer Stelle in diesem Buch berichtet wird.

Weltcup-Star 90/91 wurde Andreas Felder. Sieben der 22 Wettbewerbe gewann der Tiroler aus Absam zwischen Lake Placid und Strbske Plẽsar in der Hohen Tatra. Dieter Thoma gewann in Sapporo auf der Großschanze und in Oberhof (Thüringen), wohin er erstmals ohne Einreisegenehmigung gelangen konnte. Die DDR gab es nicht mehr. In Oberhof ließ er Felder hinter sich. Nach den Holmenkollen-Spielen in Oslo lag Thoma im Weltcup noch an zweiter Stelle, am Schluß in „Pleso" zog der Schweizer Weitenjäger Stefan Zünd, der seine beste Saison hatte, an ihm vorbei. Dieter Thoma wurde „nur" Dritter. Die Anführungszeichen mögen bestätigen, wie hoch man diesen Hinterzartener schon allgemein einschätzte. Man hatte ihn mindestens an zweiter Stelle erwartet. So hoch waren die Anforderungen schon geworden, mit denen er sich konfrontiert sah.

1992 standen wieder Olympische Spiele an, diesmal in Albertville in Frankreich mit der Sprung-Dependance in Courchevel. Es wurde kein Thoma-Winter. Weder bei der Tournee noch im Weltcup oder bei den Olympischen Spielen konnte er sich einen Platz auf dem Treppchen sichern. Erkrankungen, Verletzungen und eine Operation zwangen ihn immer wieder zu Unterbrechungen in seinen Vorbereitungen. So war es für in unmöglich, in diesem Winter Bestform zu erreichen. Vor allem Olympia verlief für ihn sehr enttäuschend. Wie

hätte er auch mit den Rängen 27 und 39 auf den beiden Schanzen zufrieden sein können? Auch Jens Weißflog fand in diesem Winter nicht zu seiner Form. Deutschland hatte plötzlich keinen Siegspringer mehr. Der Eindruck bestätigte sich 1992/93. Nur Christof Duffner aus Schönwald war die Ausnahme mit einem Weltcupsieg zum Tournee-Auftakt in Oberstdorf. Ansonsten gab es einen

Auf dem Weg nach oben: Gold und Bronze 1994 bei Olympia in Lillehammer.
S. 79: Flug zur Bronze-Medaille in Lillehammer.

zweiten Platz für Weißflog in Garmisch und wieder durch Duffner einen dritten Rang in Planica. Das war freilich die gesamte, klägliche Ausbeute an Medaillenrängen in diesem Winter.

Bei den Weltmeisterschaften in Falun waren die deutschen Springer beinahe nicht zu sehen. Wieder war Christof Duffner als Zehnter auf der Großschanze bester Mann der Vereinten Republik. Dieter Thoma war aus schon erwähnten Gründen nur im Mann-

schaftsspringen dabei, aber auch dieses endete mit Rang elf enttäuschend. 1993/94 schien endlich wieder die Sonne am deutschen Springer-Himmel: Jens Weißflog startete seinen dritten Frühling mit sieben Weltcup-Siegen. Bei der Tournee wurde er Zweiter (Sieg in Oberstdorf).

Einen weiteren Weltcupsieg steuerte Gerd Siegmund aus Oberhof in Thunder Bay bei, und Dieter Thoma meldete sich mit einem dritten Platz in Murau schüchtern in der Weltklasse zurück, nachdem

Gute Zeiten bei guten Leistungen.

er in Oberstdorf immerhin einen durchaus befriedigenden siebten Rang belegt hatte.

Im Sommer 1993 hatte er hart an sich gearbeitet, um den V-Stil, den er gar nicht mochte, zu erlernen. Die mühsame Arbeit wurde belohnt: Im Winter 1994 beherrschte er den neuen Stil. Bundestrainer Reinhard Heß, seit 1990 in Diensten des Deutschen Skiverbandes (vorher war er Springer-Chef in der DDR) konnte zuversichtlicher in die Zukunft schauen.

Olympiasieger und Bronze

Diese Zukunft sollte sich als sehr, sehr erfolgreich erweisen. Bei den olympischen Spielen in Lillehammer, von denen Dieter Thoma heute noch begeistert schwärmt, weil sie dank der Liebe der Norweger zum nordischen Skisport, der sportlichen Fairneß, sowie einer herzlichen Gastfreundschaft zu einem einmaligen olympischen Fest wurden, feierten die deutschen Springer ihren größten Triumph: Sie wurden Mannschafts-Olympiasieger. Viele tausend Zuschauer erlebten einen dramatischen Zweikampf zwischen Deutschland und Japan, über dessen Spannung sie ihre Enttäuschung über das eigene Team, das ohne Medaille blieb (Österreich gewann Bronze), letztlich vergaßen. Die deutsche Mannschaft hatte die Startnummer neun, Japan die elf, Österreich die zehn.

Erster Durchgang: Hans-Jörg Jäkle, der Schonacher, legte 117 Meter vor, Hishikata antwortete für Japan mit 118 Metern, hatte wegen schlechterer Haltungsnoten aber nur 0,3 Punkte Vorsprung. Christof Duffner erreichte 119,5 Meter, Okabe für Japan 124,5 Meter. Jetzt führte Japan mit 10,8 Punkten vor Deutschland. Dritter Springer für

Die Sieger im Team-Wettbewerb: Christof Duffner, Dieter Thoma, der Jens Weißflog auf den Schultern trägt. Ganz rechts: Hans-Jörg Jäkle.

Deutschland war Dieter Thoma. In guter Haltung erreichte er 126 Meter. Für die Japaner kam Kasai zwei Meter weiter und ergatterte 2,5 Haltungspunkte mehr. Japans Vorsprung war auf 16,9 Punkte angewachsen. Österreich - hier waren Kuttin (115 Meter), Moser (122,5 Meter) und Horngacher (124 Meter) gesprungen - saß mit nur winzigen 0,8 Punkten Rückstand den Deutschen im Nacken. Die letzten Springer des ersten Durchganges standen auf dem Turm. Jens Weißflog lieferte ein Beispiel seiner Klasse und Routine ab. Seine 135 Meter waren die größte Weite des Durchganges. Harada konnte mit 122 Metern nicht mithalten. Jetzt hatte Deutschland wieder 0,8 Punkte Vorsprung. Trotz Goldbergers 123,5 Metern war Österreichs Angriff abgewehrt. Die Österreicher lagen 14,8 Punkte hinter Deutschland auf dem dritten Platz.

Jetzt kam alles auf den zweiten Durchgang an. Jäkle holte mit 124 Metern 121,7 Punkte, Hishikata mit 135 Metern 144 Zähler. Also führte wieder Japan. War das bereits die Vorentscheidung? Japan hatte 21,5 Punkte Vorsprung. Ein beruhigendes Polster - sollte man meinen.

Es kam noch besser für die Japaner, noch schlechter für die Verfolger aus Deutschland. „Duffy" kam bei seinem Versuch nur auf 108 Meter, sein Gegenspieler Okabe auf 133. Das machte 66,5 Punkte Vorsprung für Japan. Die Entscheidung schien in der Tat gefallen zu sein.

Dieter Thoma hatte als vorletzter Springer für den DSV nichts mehr zu verlieren. In diesem Bewußtsein setzte er auf volles Risiko, und er konnte mit seinen 128,5 Metern tatsächlich Kasai abhängen, der bei 120 Metern landete. Nicht abzuhängen war die japanische Mannschaft, die immer noch 55,2 Punkte Vorsprung hatte. Wie sollte Jens

Weißflog diesen Rückstand aufholen?

Wer in diesen spannungsgeladenen Minuten eine größere Summe auf Deutschland gewettet hätte, er hätte ein reicher Mann werden können. Denn niemand, wirklich niemand, zweifelte mehr am japanischen Sieg. Nicht einmal Jens Weißflog.

Schon vor dem letzten Sprung war er zu Harada gegangen und hatte dem Japaner zum Sieg gratuliert. Diese eigentlich faire Geste wurde dem Oberwiesenthaler später in Teilen der norwegischen Presse übel angekreidet.

Weißflog gab trotz Gratulation auch in einer an sich hoffnungslosen Situation seiner Mannschaft nicht auf, er kämpfte als Sportsmann, und er wollte schließlich mit einem weiten Satz wenigstens Silber sichern. Und mit einem gewaltigen Sprung segelte er auf 135 Meter hinunter, nicht absolut schön und wahrlich nicht in allerbester Haltung. Aber der Versuch war imponierend, allein schon durch den Kampfgeist, den dieser Sprung ausdrückte. Masahiko Harada wurde oben nervös. War es Weißflogs Händedruck gewesen, der ihn vor dem letzten Sprung, der für Japan Gold bedeutet hätte, aus der Fassung gebracht hatte?

So war es später in den Gazetten zu lesen, so wurde in Norwegen spekuliert. Doch Dieter Thoma weiß es besser: „Jens hatte es wirklich ehrlich gemeint mit seinem Glückwunsch. Nichts anderes hatte er im Sinn."

Harada wurde ähnlich wie vier Jahre später, als er am 11. Februar 1998 im Einzelbewerb von der Normalschanze in Nagano souverän führte und am Ende doch nur Fünfter wurde, von der Verantwortung erdrückt, mit seinem letzten Sprung den Olympiasieg für die

Geschafft: Gold und Bronze ist gesichert. Die Medaillen-Gewinner von links: Lasse Ottesen, Espen Bredesen und Dieter Thoma.

ganze Mannschaft, für ganz Japan, sicherzustellen. So war es wohl auch damals. Jedenfalls landete der Japaner schon bei 97,5 Metern. Er konnte nicht fassen, was da geschehen war. 86,1 Punkte hatte er in wenigen Sekunden Flug gegen Weißflog verloren - das Gold war weg. Die vier Deutschen, die Schwarzwälder Jäkle, Duffner und Thoma sowie der Erzgebirgler Weißflog lagen sich in den Armen. Was wirklich niemand erwarten konnte und vor diesem letzten Flug hoffen durfte, war an diesem 22. Februar 1994 eingetroffen: Deutschland war Mannschafts-Olympiasieger im Skispringen. Die ganze Nation war stolz auf diese vier Burschen.

Zwei Tage vorher und drei Tage hinterher hatte es für zwei der vier Goldmedaillengewinner noch großartige persönliche Erfolge zu feiern gegeben. Jens Weißflog gewann auf der Großschanze vor dem Norweger Espen Bredesen, dem Weltmeister von 1993, hinter dem er nach dem ersten Durchgang 10,3 Punkte zurücklag, um ihm dann im zweiten Durchgang mit dem weitesten

Sprung auf 133 Meter 18,3 Punkte abzunehmen. Dieter Thoma wurde 15. mit 112,5 und 106,5 Metern, Duffner Elfter mit 122,5 und 107,5 Metern. Schon diese Resultate hatte das Selbstvertrauen in der deutschen Mannschaft geweckt.

Und mit der psychologischen Rückenstärkung durch den Mannschaftsolympiasieg ging Dieter Thoma auf der Normalschanze in den Wettkampf. Hier war Bredesen, angefeuert vom Publikum, das die Niederlage ihrer Mannschaft verziehen hatte, der überragende Mann. Seine 100,5 Meter wurden

dreimal mit der Note 20 und zweimal mit 19,5 belohnt. 104 Meter komplettierten Versuch eins im zweiten Durchgang zu Gold. Daß Lasse Ottesen Zweiter wurde, vervollständigte die Freude der norwegischen Skisprung-Fans. Dieter Thoma aber bewies, daß sein Gold mit der Mannschaft nicht nur glücklichen Umständen oder dem Versagen Haradas im alles entscheidenden Versuch zuzuschreiben war. Er belegte den dritten Platz und durfte sich die Bronzemedaille umhängen lassen. Siegmund wurde Elfter - wieder ein tol-

les Mannschaftsresultat, über das Reinhard Heß die Freude ins Gesicht geschrieben stand. Es waren die erfolgreichsten Olympischen Spiele in der Geschichte des Deutschen Skiverbandes im Skispringen.

Silber für das Team

Einen Winter später deutete vieles auf einen Rückschlag hin. Den einzigen Weltcupsieg schaffte Jens Weißflog in Lahti auf der Großschanze, dazu noch einen zweiten Platz auf der Normalschanze. Dieter Thoma kam auf dritte Plätze in Bischofshofen und Willingen. Das war's dann aber auch schon im Weltcup. Aber es standen ja noch Weltmeisterschaften in Thunder Bay in Kanada auf dem internationalen Terminkalender. Zunächst holte Weißflog auf der Normalschanze einen fünften Platz, Gerd Siegmund wurde Elfter. Dieter Thoma war schon im Training nicht restlos zufrieden. Im Wett-

Auszeichnungen gehören nun mal dazu, vor allem bei Politikern. Jäkle, Thoma und Weißflog bei Innenminister Kanther.

kampf reichte es dann mit 86,5 und 85 Metern nur zum zwölften Rang. Die Japaner revanchierten sich mit einem Doppelsieg von Okabe (95 und 100 Meter) und Saitoh (88 und 103 Meter).

Der Mannschaftskampf entwickelte sich einmal mehr zu einer wahrlich spannenden Geschichte. Diesmal hießen die großen Rivalen um Edelmetall bester Güteklasse Finnland und Deutschland. Die Deutschen mit der Startnummer acht mußten vorlegen, die Finnen mit der elf konnten kontern. Jäkle begann mit 108,5 Metern, Nikkola mit 97,5 - Deutschland führte mit 21,8 Punkten Vorsprung. Als zweiter Springer legte Dieter Thoma 110 Meter vor, die Soininen mit 114 Metern beantwortete. Trotzdem hatte Deutschland noch 10,6 Punkte mehr auf seinem Haben-Konto als die Finnen. Bei den dritten Springern jubelte man im deutschen Lager über die 119,5 Meter von Gerd Siegmund - allerdings nur so lange, bis Janne Ahonen 123,5 Meter erreichte. Die deutsche Führung hatte zwar noch Bestand, sie war aber mit 0,9 Punkten Vorsprung nur noch hauchdünn. Jens Weißflogs 118,5 Meter waren zwar sehenswert, aber nicht weit genug. Mika Laitinen landete nämlich bei 126,5 Metern. Jetzt lagen die Finnen 15 Punkte vorne.

Diesen Rückstand einzuholen war schwer, aber es schien - siehe Japan und Harada 1994 in Lillehammer - nicht unmöglich. Hansjörg Jäkle begann mit guten 117,5 Metern und flog erneut weiter als Ari-Pekka Nikkola, der bei 108,5 Metern vom Himmel kam. Deutschland war wieder an den Finnen vorbeigezogen, und der Vorsprung betrug zu diesem Zeitpunkt 2,2 Punkte. Dieter Thoma segelte auf 124 Meter hinunter, er bekam Noten von 18 und 18,5. Damit lag er klar vor Soininen, der seinen Flug bei 115 Meter abbrechen mußte. Mit 16,9 Punkten Vorsprung führte die

deutsche Mannschaft. Gold wie in Lillehammer war in Reichweite.

Doch noch standen zwei Duelle aus. Siegmund sprang 115,5 Meter weit, Ahonen 121,5 mit etwas besseren Haltungsnoten. Noch hatte Deutschland 5,1 Punkte Vorsprung. Die 124 Meter von Jens Weißflog reichten nicht - Mika Laitinen sprang sieben Meter weiter und eroberte für Finnland die Weltmeisterschaft mit 6,5 Punkten Vorsprung. Die Japaner, die sich so gerne für Lillehammer revanchiert hätten, landeten auch diesmal mit über 45 Punkten Rückstand hinter den Deutschen. Hansjörg Jäkle, Dieter Thoma, Gerd Siegmund und Jens Weißflog konnten mit erhobenen Köpfen Thunder Bay verlassen. Auch Silber machte sich gut.

Auf der Großschanze gab es wieder einmal eine Überraschung zu bestaunen: Der Gymnasiast Tommy Ingebrigtsen gewann mit 127,5 und 137 Metern vor Andreas Goldberger, dem ebenfalls jungen und noch lustigeren Österreicher. Jens Weißflog verbesserte die deutsche Erfolgsbilanz um eine Bronzemedaille. Bei Dieter Thoma war die Spannung weg. Weit abgeschlagen landete er auf dem 33. Platz. Seiner Freude über das Mannschaftssilber konnte dieses Ergebnis allerdings keinen Abbruch tun. Auch der der Hinterzartener über „ihren Dieter" nicht. Sie bereiteten ihm einen herzlichen Empfang in der Heimat.

Verbesserungen beim Absprung, an denen Bundestrainer Reinhard Heß mit Thoma arbeitete, verhinderten spektakuläre Erfolge von Dieter in der Saison 1995/96. Es war die Abschiedssaison von Jens Weißflog, die Wehmut flog mit. Der kleine Thüringer Weltklasseathlet sagte mit drei Weltcup-Siegen, dazu dem Gesamtsieg bei der Vierschanzen-Tournee und dem vierten Rang im Gesamt-Weltcup, leise aber endgültig servus. Für Dieter Thoma begann eine neue Ära: Jetzt war er die Führungsperson in der deutschen Springer-Mannschaft. Eine neue Herausforderung kam auf ihn zu, aus einem Teamspringer sollte er nun zum Kopf einer neuen Mannschaft reifen. Er nahm die

mit der Mannschaft Gold gewonnen und einen seiner größten sportlichen Triumphe gefeiert hatte, lag ihm einmal mehr.

Die Tournee begann er mit dem umjubelten Sieg in Oberstdorf wieder vor Brenden und er beschloß sie mit dem Sieg in Bischofshofen. Dazwischen ge-

Mit „Elan" in die Weltspitze zurückgekehrt.
S. 86/87: Saison 93/94 mit „Fischer" zum Erfolg bei Olympia.

Herausforderung an, nicht allzu glücklich, aber mit dem festen Willen, zu bestehen. „Ich hatte es ihm eigentlich nicht zugetraut, doch er hat die Rolle angenommen und ist mit ihr klargekommen", wußte Bundestrainer Heß später zu loben.

Silber und Bronze in Trondheim

Dieter nahm es nicht allzu gerne zur Kenntnis, daß man ihn nun in der Öffentlichkeit zum „Leitwolf" des Teams befördert hatte. Die Vorbereitung verlief geradezu optimal, und die Saison begann mit einem Weltcupsieg in Lillehammer vor dem Norweger Brenden. Einen Tag später wurde er auf der Olympiaschanze Dritter hinter Brenden und dessen Landsmann Bredesen. Die Schanze, auf der er 1994

wann einer, der zum „Senkrechtstarter" dieser Saison wurde: Primoz Peterka aus Ljubljana, der Metropole Sloweniens. Er wurde zum großen Gegner Thomas in dieser Weltcup-Saison. Die Tournee-Gesamtwertung gewann Peterka vor Goldberger und Thoma. Doch Dieter Thoma blieb dem Slowenen im Weltcup auf den Fersen. Nach der Tournee lag er zwar 92 Punkte hinter dem Slowenen, aber immerhin 26 Zähler vor Goldberger.

Entscheidenden Boden verlor Thoma in Engelberg. Peterka gewann beide Springen auf der Titlis-Schanze (200 Punkte), während Thoma mit den Rängen zwei und vier „nur" auf 130 Punkte kam. Aber es tat sich für den Hinterzartener noch eine Chance auf: Auf der Japan-Reise war Peterka nicht plaziert. Dieter Thoma machte bei zwei

Springen in Sapporo und zwei in Hakuba (Nagano) 154 Punkte gut. Bis auf acht Punkte war er wieder an Peterka herangekommen, die Spannung wuchs.

Jetzt witterte er seine Chance. Auf der Schanze in Willingen im Sauerland war Thoma um 55 Punkte besser als der Slowene und übernahm die Weltcup-Führung mit 47 Punkten Vorsprung. Beim Skifliegen in Bad Mitterndorf in Österreich war Thoma nicht dabei, Peterka aber buchte an den beiden Tagen 160 Punkte und holte sich die Führung zurück. Von da an war Dieter Thoma nur noch am Holmenkollen besser als Peterka, der beim Finale in seiner Heimat auf der Flugschanze von Planica als Weltcup-Gesamtsieger gefeiert wurde. Dieter Thoma war Zweiter. Das jedoch war nicht die einzige Bestätigung in dieser Saison für seine absolute Weltklasse.

Bei den Weltmeisterschaften, in der alten norwegischen Skistadt Trondheim ausgerichtet, stellte er seine Klasse erneut unter Beweis. Wieder brachte er zwei Medaillen mit nach Hause in den Schwarzwald. Silber erkämpfte er sich auf der Großschanze. Es war ein großer Zweikampf, der da vor 35000 Zuschauern ablief. Masahiko Harada und Dieter Thoma waren die beiden Hauptdarsteller, die beiden Flug-Artisten auf absolutem Weltklasseniveau. Der Japaner legte in beiden Durchgängen mit 124 und 128 Metern die größten Weiten vor, Thoma stand ihm mit 121,5 und 124 Metern kaum nach. Seine Form stimmte, seine Laune auch. „Ich bin überglücklich über Silber", sagte er. Es war nicht nötig, es zu betonen, man sah es seinem strahlenden Gesicht an. Und Bundestrainer Reinhard Heß freute sich mit. Er war rundum zufrieden, daß der Übergang von Jens Weißflog zu Dieter Thoma so reibungslos geglückt war.

Für die Zuschauer alles auf einen Blick: Dieter

„Das Jahr nach Weißflog ist das Jahr des Dieter Thoma", stellte er fest. Und es ging noch weiter: Die komplette Schwarzwald-Mannschaft mit Duffner, dem Furtwanger Neuling Schmitt, mit Jäkle und Thoma gewann hinter Finnland und Japan die Bronzemedaille. Die Springer waren zum echten Aushängeschild des Deutschen Skiverbandes geworden. Ihre Erfolge wurden in Deutschland nicht nur in Skikreisen honoriert.

Thoma vor und auf der Großleinwand in Oberstdorf.

Mehr denn je sprach man vom Skispringen. Thoma hatte großen Anteil daran.

Eine denkwürdige Saison

An die Saison 1997/98 wird man noch lange denken. Sie war in der Tat denkwürdig. Dieter Thoma stieg gleich hervorragend in den Wettbewerb ein: Auf seiner Lieblingsschanze in Lillehammer begann er mit einem Weltcupsieg. Er ließ den Finnen Soininen und den Japaner Kasai hinter sich. Beim zweiten Springen in der Olympiastadt belegte Thoma hinter Soininen und Harada den dritten Platz. Im Weltcup begann er auf dem zweiten Platz hinter Soininen. Dabei blieb es auch nach der dritten Konkurrenz in Predazzo im Val di Fiemme. Dort gewann der Finne erneut, Dieter Thoma wurde Fünfter. Der Finne hatte 97,5 Meter vorgelegt, die für ihn entschieden. Thoma wurde in der Haltung schlechter bewertet als die vor ihm plazierten Harada und der Österreicher Widhölzl, die nicht so weit gesprungen waren wie er. Zum kompletten Sprung fehlte ihm die ganz perfekte Telemark-Landung. In Harrachov übernahm Sieger Harada vor dem zweitplazierten Thoma, der sich zu diesem Zeitpunkt diesen zweiten Platz mit Peterka teilen mußte, die Führung. In Engelberg in der Schweiz standen zwei Springen auf dem Programm. Thoma wurde jeweils Fünfter, behielt in der Weltcup-Gesamtwertung aber seinen zweiten Platz, mit dem er in aller Ruhe Weihnachten feiern konnte.

Zum Auftakt der Vierschanzen-Tournee konnte sich Dieter Thoma nicht so freuen wie bei früheren Auftritten. Der 22. Platz war so gar nicht nach seinem Geschmack. Ein Sturz im zweiten Durchgang, als er zu viel wollte und den Körper zu spät aufrichtete, kostete ihn einen der vordersten Plätze; er war nach 104,5 Metern bis auf 119,5 Meter hinuntergeflogen. Niemand war so weit gekommen. Aber eben zu weit, um diesen Sprung stehen zu können.

Im Weltcup freilich änderte sich nichts: Harada führte immer noch vor Thoma. Sein Trost: Sven Hannawald, sein bester Freund, wurde Fünfter. An ihm sollte Dieter Thoma noch mehr Freude haben in diesem Winter. In Garmisch-Partenkirchen hechtete Funaki zum Sieg vor Harada und Saitoh - ein Japaner-Festival also am Neujahrstag, man sprach schon von den „Japan-Airlines".

Thoma und Funaki:

Der Sturz in Oberstdorf hatte Dieter Thoma verunsichert. Er wechselte die Ski, aber er kam nicht wie gewünscht zum Zuge. An achter Stelle landete er, verteidigte aber wenigstens im Weltcup seinen zweiten Rang. In Innsbruck folgte das Super-Resultat für Sven Hannawald: Hinter Funaki, der im dritten Wettbewerb der Tournee den dritten Sieg landete, belegte der Hinterzartener den zweiten Platz. Hinter ihm landete - trotz seiner Kokain-Affäre immer noch Publikumsliebling - der nun doch wieder für Österreich startende Andreas Goldberger. Dieter Thoma fand langsam wie-

Gegner im Sport, Kameraden im Privatleben.

Hannawald, der mit 124 und 123 Metern der überragende Springer war („ich weiß gar nicht, wieso es bei mir auf einmal so gut läuft. Es geht eigentlich alles wie von selbst") und den ersten Weltcupsieg seiner Laufbahn nicht fassen konnte, und Hansjörg Jäkle aus Schonach, der auf 119,5 und 122 Meter kam. Dieser Doppelsieg war fast nicht zu glauben. Und auch Dieter Thomas Verfassung war wieder besser. Trainer Heß und er hatten sich in Innsbruck ausgesprochen. Des Trainers Argumente zogen. „Er war hart wie ein Stein", beschrieb Trainer Heß später die Verkrampfung seines Vorzeigeathleten, der als absoluter Tourneefavorit vor dem ersten Springen gehandelt worden war und schließlich an den in ihn gesetzten Erwartungen der sportinteressierten deutschen Öffentlichkeit fast verzweifelte. Denn eines war klar: Nach den Erfolgen des Winters war die Vier-Schanzen-

der zur gewohnten Form. Als Siebter blieb er Nummer zwei im Weltcup.

Bischofshofen brachte wie so häufig die Sensation: Gleich drei Schwarzwälder verhinderten, daß Funaki mit ersten Plätzen in allen vier Wettbewerben Gesamtsieger der Tournee wurde: Sven

Telemark

Die Telemark-Landung ist Bestandteil der Bewertung eines Skisprunges. Wer sie nicht zeigt, bekommt Punkt-Abzüge. Besonders in diesem Winter wurde Telemark zum Schlagwort. Die Landung schien fast wichtiger zu sein als der Flug. Vor allem ein norwegischer Sprungrichter bei der Vier-Schanzen-Tournee machte ein Evangelium aus dieser Landetechnik und zog den Springern erbarmungslos Punkte ab. Dieter Thoma wurde am härtesten davon betroffen. Selbst dann, wenn er die Telemark-Landung mit dem um etwa eine Schuhlänge vorgezogenen einen Ski andeutete, zog der Norweger seine 16,5 Punkte, egal wie weit und wie schön der Flug auch gewesen war. Bei anderen Springern übersah er oft den „gemogelten" Telemark. Diese behalfen sich mit dem Trick, zwar beidfüßig aufzuspringen, nach der Landung aber sofort einen Ski nach vorne zu ziehen. Die Punktabzüge ärgerten nicht nur Dieter Thoma, sondern auch Bundestrainer Reinhard Heß. Er sah, daß Dieter schon während des Fluges an die Landung dachte und deshalb verkrampfte. Sein Ratschlag: „Vergiß' die Landung und spring' einfach so weit und so gut wie möglich." Woher leitet sich der Begriff „Telemark" ab? Der Name stammt von der Landschaft Telemark südlich von Oslo, und ursprünglich war der Telemark ein Schwung aus den Urzeiten des alpinen Skilaufes. Die Spitze des bogeninneren Skis wurde bis zur Bindung des bogenäußeren zurückgenommen, das Gewicht auf den bogenäußeren Ski verlagert und schon erfolgte so die Richtungsänderung. Diese Technik ist neuerdings wieder in Mode gekommen. In Norwegen gibt es sogar wieder Rennen, die mit dieser Technik gefahren werden.

tournee hierzulande ein Medienereignis wie nie zuvor, die Zuschauerzahlen in den Stadien und die Rekordeinschaltquoten der übertragenden Fernsehsender sagten alles über deren neuen Stellenwert aus. Ein vierter Rang (117 und 122,5 Meter) Dieter Thomas waren das Resultat der Krisenbewältigung und einer Leistungssteigerung im richtigen Moment. Zufrieden mit der Tournee war Dieter freilich nicht. „Ich greife wieder an", kündigte er an. Noch hatte er als Zweiter ja alle Chancen im Gesamtweltcup.

Zunächst ging es nach Ramsau am Dachstein, dem WM-Ort von 1999. Dort wurde nur auf der Normalschanze gesprungen, denn auf der Großschanze wird der Weltmeister in Bischofshofen ermittelt. Auf der an sich gut konzipierten Schanze, die allerdings dauernd von Wind umkreist wird, feierten die Japa-

ner wieder einmal einen kompletten Sieg: Harada vor Funaki und Saitoh - das war die Reihenfolge an der Spitze, und Harada stand mit 96 Metern die größte Weite. Dieter Thoma benutzte wieder den neuen Ski und war mit dem Gerät nunmehr zufrieden. Zusammen mit den beiden Finnen Savolainen und Ahonen belegte er den siebten Platz. Mit 85,5 und 91,5 Metern wies er zwar die größere Gesamtweite auf als die Finnen, aber bei der Landung des zweiten Fluges hatte er den Telemark „vergessen". Die Kampfrichter waren unerbittlich, einmal mehr. Ohne diese Abzüge hätte er Dritter werden können.

„Ein besserer Platz wäre natürlich schön gewesen, aber so ist es eben im Sport. So ist`s auch recht", sagte Thoma ohne auch nur einen Anflug von Verärgerung. Er hatte gelernt, mit sich und seiner Umwelt umzugehen. Und: Er war ja immer noch Zweiter im Weltcup, jetzt mit 111 Punkten Rückstand auf Harada.

Zakopane in Polen war die nächste

Skiflug-Weltmeisterschaft mit Schanzenrekord (209 Meter) und der Bronze-Medaille.

Station. Zwei Springen standen auf dem Programm. Am Samstag herrschte einfach ein solch scheußliches Wetter, daß kaum ein Tierfreund seinen Hund vor die Tür gejagt hätte. Schneeregen und Windböen, die ihre Richtung wie in der Lotterie wechselten, veranlaßten Dieter Thoma, auf den Qualifikationssprung zu verzichten. Durch seine aktuelle Weltcupplazierung war er ohnehin automatisch qualifiziert.

Doch er hatte keine Freude an diesem Springen. Bei seinem ersten Sprung erwischte ihn der Wind von hinten und drückte ihn mit voller Wucht bereits bei 86,5 Metern auf den Boden herunter. Das reichte nicht für den Endkampf der besten 30. Enttäuscht kehrte er ins Hotel zurück. Nur der Erfolg von „Hanni" Hannawald machte ihm an diesem Tag noch Freude.

Für den Sonntag nahm sich Dieter Thoma viel vor und setzte diese guten Vorsätze auch tatsächlich in die Tat um: Bei jetzt endlich guten Bedingungen stand er 121,5 und 124 Meter. Dabei fabrizierte er sogar eine elegante Telemark-Landung. Das war fast wieder der „alte" Dieter Thoma, der da den fünften Platz für sich reklamieren durfte. Sven Hannawald wurde wieder Dritter hinter Peterka und Funaki, vor Thoma lag am Ende noch der Japaner Saitoh. Im Weltcup führte weiter Harada, auf den zweiten Platz hatte sich Funaki geschoben. Thomas Rückstand auf Ha-rada blieb bei 111 Punkten, Funaki war nur um einen einzigen Zähler besser.

Von Zakopane ging es zurück nach Deutschland, und auf der Heini-Klopfer-Schanze erfüllte sich der „Traum vom Fliegen" gerade für die deutschen Springer. Davon mehr an anderer Stelle dieses Buches.   *Werner Kirchhofer*

Grund zum Jubeln in Oberstdorf nach 209 Meter: Dieter Thoma mit der Startnummer 42.

Triumph auf vier Schanzen

30 Jahre nach Max Bolkart gewinnt wieder einmal ein Bundesdeutscher

Sieg in Oberstdorf, Rang fünf in Garmisch, Platz sechs in Innsbruck, als Zweiter der Gesamtwertung - mit immer noch intakten Aussichten auf den Gesamtsieg - hatte sich in der Saison 1989/90 Dieter Thoma zum abschließenden Springen der Vier-Schanzentournee nach Bischofshofen aufgemacht. Vergessen war der zweite Sprung in Innsbruck, der Thoma auf den sechsten Rang der Tageswertung zurückgeworfen hatte. Vergessen waren die TV-Bilder, als er nach einem leicht verpatzten Sprung im Auslauf die Hände vors Gesicht geschlagen und im ersten Moment geglaubt hatte, den Sieg verspielt zu haben.

Erst Minuten später, als er die Anzeigetafel des Skistadions in Innsbruck mit etwas Abstand studiert hatte, hatte sich auch bei Thoma wieder Zuversicht eingestellt. „Ich habe heute zwar wichtige Punkte verspielt, aber der Rückstand auf Jens Weißflog ist noch aufzuholen", machte er sich selbst Mut. Und vergaß auch den Ärger über den Stadionsprecher, der ihn bei seinem zu kurzen 100-Meter-Satz mit seinen ständigen Durchsagen genervt und in der Konzentration gestört hatte.

„6,5 Punkte sind aufzuholen", machte auch Bundestrainer Rudi Tusch seinem Schützling wieder Mut. Und Jens Weißflog, der zu jener Zeit noch für die DDR durch die Lüfte flog und trotz einer langwierigen Knieverletzung in blendender Verfassung war, wußte: „Es wird schwer, aber ich fahre nicht mit Angst nach Bischofshofen."

An jenem denkwürdigen Samstag, man schrieb den 6. Januar 1990, hatte sich die Stimmungslage im Lager Deutschland Ost und Deutschland West total gedreht. Thoma jubelte, Weißflog bahnte sich unwirsch seinen Weg durch die Fans, verweigerte sogar Autogramme und mußte vom Stadionsprecher zur Siegerehrung gerufen werden.

Wie schon im Jahr zuvor hatte Weißflog auf der Schanze von Bischofshofen seine Führung verspielt, Platz eins abgeben müssen. Der „Superflog", wie die DDR-Zeitung Sportecho über ihren Weltmeister getitelt hatte, war nur 102,5 und 98 Meter weit geflogen, und mußte sogar noch Tagessieger Frantisek Jez im Tages- und Endklassement an sich vorüberziehen lassen. Aus 6,5 Punkten Vorsprung waren nach zwei Versuchen 15,5 Punkte Rückstand gegen einen nervenstarken Dieter Thoma geworden. Weißflog war in Bischofshofen auf Rang elf abgestürzt. Mit 106 und 111 Metern dagegen schwang sich der 20jährige Schwarzwälder zu dem bis dahin größten Triumph seiner Karriere auf.

Und Max Bolkart, jener Mann, der 30 Jahre zuvor als erster und bis dato einziger bundesdeutscher Skispringer die Vierschanzentournee gewonnen hatte, wieselte nun völlig aufgeregt im Auslauf der Paul-Außenleitner-Schanze herum. Freudentränen standen Bundestrainer Rudi Tusch in den Augen, und die Fans mit ihren schwarz-rot-goldenen Fahnen (ohne Hammer- und Sichel-Emblem) jubelten.

Seinen Supersieg beim deutsch-österreichischen Flug-Klassiker nahm Dieter Thoma bemerkenswert gelassen: „Der Gesamtweltcup", so meinte er, „der Gesamtweltcup ist noch höher einzustufen." Und in diesem Wettbewerb lag Thoma nach der Tournee auf einem hervorragenden dritten Platz (108 Punkte) knapp hinter Nikkola (109) und Vettori (131), aber doch noch vor Weißflog, der bis dato 96 Punkte ersprungen hatte.

Den Erfolg bei der Vier-Schanzentournee siedelte anders als Thoma Trainer Rudi Tusch ein: „Der Tourneesieg ist höher als eine Weltmeisterschaft einzustufen", diktierte er den Journalisten in ihre Blöcke. Und er verteilte an diesem Tag großzügig die Komplimente an seinen (Muster-)Schüler: „Vor allem im mentalen Bereich ist er stärker geworden. Hat ihn früher eine Niederlage tagelang gelähmt, so denkt er heute schon nach kurzer Zeit wieder positiv und richtet den Blick nach vorne."

Übrigens: Mutige Wettfreunde, die auf Thoma als Sieger gesetzt hatten, bekamen für 10 Mark 40 zurück. Weißflogs Quote vor dem Abschlußspringen war mit 3:1 besser gewesen. Aber jener zweite Sprung, den er schon bei 98 Metern beendete, hatte ihm keine Chance mehr gelassen.

So war der Rest für Thoma, der schon im ersten Durchgang fünf Punkte aufgeholt hatte, nur noch Formsache - wie man später so locker sagt. „Als ich den Absprung genau erwischte, wußte ich schon, das war's", kommentierte er nach der Siegerehrung seinen Flug auf stolze 111,5 Meter. Und er blieb bescheiden auf dem Boden der Tatsachen, ließ sich auch im stolzen Augenblick des Triumphes nicht zu großen Sprüchen hinreißen: „Ich denke nicht voraus, auch nicht an die Weltmeisterschaft. In unserer Sportart kann man nicht vorausplanen." Wie wahr: knapp zwei Monate später war Thoma Skiflug-Weltmeister, vor Nykaenen und Weißflog, der wie bei der Vierschanzentournee „nur" Dritter geworden war.   *Werner Kirchhofer*

Ausriß aus der Badischen Zeitung vom 8. Januar 1990: Thoma gewinnt die Vier-Schanzen-Tournee.

Abschluß der deutsch-österreichischen Vierschan

Thoma überflügelt

Erster bundesdeutscher Tourneesieger seit 30 Ja

BISCHOFSHOFEN (sid). Max Bolkart, jener Mann, der vor 3(ster und bislang einziger bundesdeutscher Skispringer die Viers nee gewonnen hatte, wieselte aufgeregt im Auslauf der „Pau Schanze" in Bischofshofen herum, Bundestrainer Rudi Tusch dentränen in den Augen und der Fan-Troß jubelte. Dieter Tho Zweiter der abschließenden vierten Etappe in Bischofshofen das liche noch wahr und überflügelte DDR-Weltmeister Jens Weißflo

Seinen Sieg der Superlative bei der 38. Auflage des deutsch-österreichischen Schanzen-Klassikers nahm der 20jährige aus Hinterzarten bemerkenswert gelassen. Schließlich sei ein Erfolg im Gesamtweltcup noch höher anzusiedeln. Ganz anders sah es Trainer Tusch. „Dieser Erfolg ist höher einzuschätzen als eine WM", versuchte der 35jährige eine Klassifizierung: „Für einen Trainer sind das ein irrsinniges Gefühl der Bestätigung."

Besonders seine Erfahrungen von Lahti („Nur aus Niederlagen lernt man") habe Thoma viel gebracht. „Das hat mir gezeigt, daß ich die Maßstäbe nicht zu hoch ansetzen darf", erklärte der angehende Einzelhandels-Kaufmann, der vor der Weltmeisterschaft in Finnland noch zum Favoritenkreis gezählt hatte.

„Wir haben viel im mentalen Bereich gearbeitet, das zahlt sich jetzt aus. Dieter schaltet nach Mißerfolgen schneller ab. Eine Stunde ist er sauer, dann denkt er wieder nach vorn. Das war früher nicht so, da haben ihn Niederlagen tagelang gelähmt", meinte Sport- und Mathematiklehrer Tusch.

Zur tragischen Figu war indessen Thomas spieler, DDR-Weltmeis flog, geworden. Mit k(Punkten Vorsprung w junge Mann vom SC T senthal in das Finale de Naturanlage im Salzb gangen. Am Ende hat wie die DDR-Zeitung nach dessen Sieg beim : gen von Garmisch bere te, 15,5 Punkte Rückst bundesdeutschen Kor wurde in der Einzelw schofshofen nur enttäu

„Eigentlich war der nicht aufzuholen. Bei Technik Weißflogs b Punkte mindestens ac nete Tusch hinterher n den DDR-Star doch no kam nicht nur für den und seinen Coach über an den provisorischen stand Weißflog höher rend die Aktien für der lateur aus Pöhla bei 6 sierte derjenige, der au

98

D er Flug des Tages gelang dem Hinterzartener Dieter Thoma in Bischofshofen: Mit 111,5 Metern stand er die Tageshöchstweite (Bild links). Thoma sicherte sich damit den zweiten Rang im letzten Springen und den Gesamtsieg der internationalen Vierschanzen-Tournee (Bild oben, Mitte). Rang zwei erkämpfte sich überraschend der junge Tschechoslowake Frantisek Jez (links), der Sieger von Bischofshofen, vor Jens Weißflog aus der DDR (rechts), der bis vor dem letzten Sprung noch die Gesamtwertung vor dem Schwarzwälder anführte. Bilder: AP/dpa

Dieter Thoma

„Mein größter Triumph"

Von seinem „größten persönlichen Triumph" sprach Dieter Thoma im Interview mit der Deutschen Presse-Agentur (dpa) nach seinem Sieg bei der Vierschanzen-Tournee.

● *Dieter Thoma, 30 Jahre nach Max Bolkart ist Ihnen als zweitem Springer des Deutschen Ski-Verbandes der Sieg bei der Vierschanzen-Tournee gelungen. Was bedeutet dieser Erfolg?*

Thoma: „Es ist ein ganz großer Erfolg, persönlich mein größter Triumph. Zum Abschluß in Bischofshofen klappte alles. Ich glaube, es ist gerechtfertigt, daß nach so langer Zeit mal wieder ein DSV-Athlet gewonnen hat."

● *Haben Sie nach Ihrem nicht ganz geglückten zweiten Sprung in Innsbruck noch gehofft, Jens Weißflog schlagen zu können?*

Thoma: „Ehrlich gesagt, nicht. Gegen einen Jens Weißflog in Normalform 6,5 Punkte Rückstand im letzten Wettbewerb aufzuholen, ist eigentlich unmöglich. Dann sah ich im Training in Bischofshofen, daß Jens nicht ganz mit der Schanze zurechtkam. Da habe ich meine Chance gewittert, zumal ich zweimal am weitesten sprang. Nach meinem verpatzten Probesprung am Wettkampftag ging aber das Zittern wieder los."

● *In Innsbruck, direkt nach dem Springen, reagierten Sie ausgesprochen sauer und unwirsch.*

Thoma: „Ich war eine halbe Stunde lang nicht ansprechbar und konnte nicht mal lachen. Ich glaubte, alles verspielt zu haben. Aber dann war es wieder o.k., und ich habe mich noch einmal voll auf das Abschlußspringen in Bischofshofen konzentriert."

● *Ärgert es Sie, daß Ihnen zum Abschluß nicht der zweite Tagessieg gelungen ist?*

Thoma: „Nein, wirklich nicht. Frantisek Jez hat es verdient. Er hätte eigentlich schon in Garmisch-Partenkirchen mit den beiden weitesten Sprüngen und zwei sauberen Telemark-Landungen Erster werden müssen."

● *Sie scheinen gegenüber der Vergangenheit ruhiger und reifer geworden zu sein.*

Thoma: „Ich habe viel gelernt aus meinem schlechten Abschneiden bei der Weltmeisterschaft in Lahti. Damals hatte ich auf dem zweiten Platz der Weltcupwertung liegend meine Ziele zu hoch gesteckt. Inzwischen habe ich gelernt, auf dem Boden zu bleiben. Über Sieg oder Niederlage entscheidet meist die Tagesform."

● *Ihre nächsten großen Ziele?*

Thoma: „Ich denke jetzt nicht so weit voraus, etwa an die Weltmeisterschaft oder ähnliches. In unserer Sportart kann man nicht so vorausplanen."

...ournee

...eißflog im letzten Sprung

...ez gewinnt das letzte Springen und wird Zweiter der Gesamtwertung

...als er- ...-Tour- ...eitner- ...Freu- ...hte als ...nmög- ...icher.

...ournee ...Gegen- ...Weiß- ...len 6,5 ...chmale ...berwie- ...auf der ...nd ge- ...erflog", ...-Echo" ...-Sprin- ...elt hat- ...seinen ...n. Er ...on Bi- ...Elfter. ...nd gar ...rfekten ...sechs ...', rech- ...Thoma ...ügelte, ...wälder ...l. Auch ...haltern ...· Wäh- ...-Instal- ...n, kas- ...siegrei-

chen Thoma gesetzt hatte, das Vierfache seines Einsatzes.

Der sonst so abgebrühte Weißflog, der nach dem ersten Durchgang fünf Zähler auf Thoma verloren hatte, wurde im zweiten Versuch wieder Mensch – er zeigte Nerven: Schon nach 98 Metern setzte der zierliche „Springer-Floh" auf, der die Tournee schon zweimal (1983/84) gewonnen hat. Der Rest war für Thoma Formsache. „Als ich pünktlich am Absprung war, wußte ich, das war's", kommentierte Thoma cool die für seinen 111,5-Meter-Flug entscheidende Hundertstelsekunde. Unmittelbar zuvor hatte Bundestrainer Tusch die Parole ausgegeben: „Gehe volles Risiko. Konzentriere Dich nicht nur auf Weißflog." Thoma befolgte die Order – die Bestätigung folgte auf dem Fuß: Zwischen Thoma und Weißflog schob sich noch der 19jährige Frantisek Jez (CSSR) durch seinen Tagessieg auf dem Naturbakken von Bischofshofen.

Zur Siegerehrung mußte Weißflog, der – Duplizität der Ereignisse – auch im Vorjahr vor dem Finale Spitzenreiter war, dann jedoch den Sieg noch aus der Hand gab, per Lautsprecher angefordert werden. „Ich habe nicht damit gerechnet, überhaupt unter die ersten drei gekommen zu sein", lautete die Entschuldigung; ungewohnt rüde hatte er sich nach seinem verpatzten Versuch den Weg durch die Menge gebahnt, selbst kleinen Kindern verwei-

gerte der sonst stets gefaßte Weißflog die obligaten Autogramme, er war zutiefst enttäuscht.

Zu den Verlierern der Tournee gehörte auch der finnische Olympiasieger Matti Nykänen, der in Innsbruck zum erstenmal seit acht Jahren in einem Wettkampf wieder gestürzt war. Dieses Erlebnis saß offenbar tief: In Bischofshofen wurde der völlig außer Form springende Finne indiskutabler 40., in der Gesamtwertung belegte er den für ihn enttäuschten 16. Rang.

Obwohl der Oberaudorfer Josef Heumann als 16. erstmals bei der Tournee die Weltcupzähler verpaßte, tat dies der Stimmung des 25 Jahre alten angehenden Krankengymnasten keinen Abbruch. Abends, beim Umtrunk im Mannschaftshotel „Schützenhof" hatte sich der Überraschungszweite von Oberstdorf wieder gut im Griff. „Ich hätte eigentlich nicht damit gerechnet, daß es überhaupt so gut laufen würde", meinte der Tournee-siebte. Für Thoma ohnehin „einfach ein Phänomen": „Wie man mit so wenig Training so weit nach vorn springen kann, das ist abnormal." Bei den nächsten Wettbewerben pausiert Heumann nun wieder: „Ich muß büffeln, schließlich stehen im März Abschlußprüfungen an."

Der Österreicher Ernst Vettori verteidigte mit seinem vierten Rang die Führung im Weltcup. Mit 131 Punkten liegt er vor Ari-Pekka Nikkola (109) und Dieter Thoma (108).

Thomas Tops

Die Highlights eines Höhenfliegers

Die Höhepunkte auf einen Blick

Juniorenweltmeister 1986

Weltmeister 1990

Vier-Schanzen-Tournee-Sieger 1990

Olympiasieger 1994

Vizeweltmeister 1997

Olympiazweiter 1998

Olympiadritter 1994

Mehrfacher Deutscher Meister

Sieg zum Auftakt der Vier-Schanzen-Tournee 1989/90 vor Sepp Heumann (links) und Jens Weißflog in Oberstdorf.

12 Weltcup-Siege und über 50 Plazierungen unter den ersten 6

Insgesamt 12 Medaillen bei Weltmeisterschaften und Olympischen Spielen

---

Olympische Spiele

1988	Calgary: Olympiateilnehmer.
1992	Albertville: Olympiateilnehmer.
1994	Lillehammer: **Bronze** auf der Kleinschanze, **Gold** im Team-wettkampf mit Duffner, Jäkle, Weißflog, Thoma, 15. Platz auf der Großschanze.
1998	Nagano: 13. Platz auf der Kleinschanze, 12. Platz auf der Groß-schanze, **Silber** im Teamwettkampf mit Hannawald, Schmitt, Jäkle, Thoma.

Junioren-Weltmeisterschaften

1986	Lake Placid: **Gold** im Team Rimmel, Leonhard, Braun, Thoma.
1987	Asiago: **Silber** im Teamwettkampf, **Bronze** im Einzelwettkampf.

Weltmeisterschaften

1987	Oberstdorf: 20. Platz Großschanze, 6. Platz Team.
1989	Lahti: Teilnehmer.
1990	Vikersund: **Gold** im Skifliegen.
1991	Val di Fiemme: **Bronze** mit dem Team Hunger, Kiesewetter, Weißflog, Thoma.
1993	Falun: Teilnehmer.
1995	Thunder Bay: **Silber** mit dem Team mit Siegmund, Jäkle, Weißflog, Thoma.

1997	Trondheim: **Silber** von der Großschanze, **Bronze** im Team-wettkampf mit Schmitt, Duffner, Jäkle, Thoma.
1998	Oberstdorf: **Bronze** bei der Skiflugweltmeisterschaft.

Weltcup

1985/86	11. Platz Garmisch - erste Weltcuppunkte.
1987/88	2. Platz Lake Placid, 7. Platz Oberstdorf, 5. Platz Garmisch, 8. Platz Innsbruck.
1988/89	3. Platz Thunder Bay, 4. Platz Lake Placid, 2. und 7. Platz Sapporo, 7. Platz Planica, 4. und 6. Platz Oberhof, **1. Platz Oberstdorf,** 4. Platz Garmisch, 5. Platz Bischofshofen, Vier-Schanzen-Tournee Vierter, Gesamtweltcup Dritter.
1989/90	**1. Platz Thunder Bay,** 8. Platz Sapporo, **1. Platz Oberstdorf** 5. Platz Garmisch, 6. Platz Innsbruck, 2. Platz Bischofshofen, **1. Platz Harrachov,** 8. Platz St.Moritz, 7. Platz Val di Fiemme, 5. Platz Lahti, 6. Platz Raufoss, 6. Platz Soleftia, 2. Platz Planica. Gesamtweltcup Vierter, **Vier-Schanzen-Tournee Sieger.**
1990/91	2. Platz Thunder Bay, **1. und 2. Platz Sapporo,** 7. Platz Garmisch, 3. Platz Innsbruck, 4. Platz Bischofshofen, **1. Platz Oberhof,** 3. Platz Lahti, 2. Platz Falun, 3. Platz Planica, 6. Platz Strbske Plesa, Vier-Schanzen-Tournee Dritter, Gesamtweltcup Dritter.
1991/92	15. Platz Thunder Bay, 12. Platz Oberstdorf, 11. Platz Garmisch.
1992/93	6. Platz Innsbruck, 2. Platz Team Predazzo.
1993/94	7. Platz Oberstdorf, 3. Platz Murau, 4. und 6. Platz Sapporo, 4. Platz Örnsköldsvik, 6. Platz Thunder Bay. 11. Platz Gesamt-weltcup. 8. Platz Gesamtwertung Vier-Schanzen-Tournee.
1994/95	3. Platz Bischofshofen, 3. Platz Willingen, 7. Platz Oberstdorf.
1995/96	7. Platz Falun, 8. und 11. Patz Lahti.
1996/97	**1. Platz Oberstdorf, 1. Platz Bischofshofen, 1. Platz Lillehammer, 1. Platz Sapporo,** 2. Platz Falun, 2. und 2. Platz Willingen, 2. Platz Engelberg, 3. Platz Lillehammer, 4. Platz Kuusamo, 4. Platz Engelberg, 6. Platz Harrachov, 8. Platz Garmisch, 9. Platz Innsbruck, 4. Platz Hakuba, 7. Platz Kupio, 4. Platz Oslo, 6. Platz Planica, Vier-Schanzen-Tournee Dritter, Weltcupsieger Skisprung, Gesamtweltcup Zweiter.
1997/98	**1. und 3. Platz Lillehammer,** 5. Platz Predazzo, 2. Platz Harrachov, 2. Platz Villach, 5. und 5. Platz Engelberg, 8. Platz Garmisch, 7. Platz Innsbruck, 4. Platz Bischofshofen, 7. Platz Ramsau, 5. Platz Zakopane, 2. und 6. Platz Oberstdorf Skiflie-gen, 6. Platz Sapporo, 6. Platz Gesamtwertung Vier-Schanzen-Tournee mit Sturz in Oberstdorf.

Persl. Rekorde:	Weitester Sprung 213 Meter (gestürzt/Weltrekord). Weitester gestandener Sprung 211 Meter.

Die Kehrseite der Medaille(n)

Verletzungen, Knochenbrüche, Krankheiten - die Schule fürs Leben

Dieter Thoma machte in seiner Laufbahn so ziemlich die gesamte Skala der Verletzungen durch, die einen Skisportler treffen können. Es kostete ihn manchmal Überwindung, sich wieder zu motivieren, das Training wieder aufzunehmen, praktisch von vorne anzufangen. Hinzu kamen noch Erkrankungen, die unmittelbar mit dem Hochleistungssport zusammenhingen. Dies ist die unvollständige Liste der gesundheitlichen Rückschläge, die Dieter während seiner Laufbahn begleiteten:

Mit zehn Jahren der schon erwähnte Oberschenkelbruch. Mit einer Platte und insgesamt acht Schrauben wurde der Knochen zusammengenagelt. Monatelang mußte er an Krücken gehen. Nach einem Jahr wurde die Platte wieder entfernt - wieder mußte er die Krücken zu Hilfe nehmen, bis die Wunden verheilt waren. „Das war

eine Schule fürs Leben", sagt Dieter Thoma heute. Mit 16 Jahren folgte ein Kreuzbandriß, der den frischgebackenen Junioren-Weltmeister im Mannschaftsspringen beim Training für einen Alpencup-Wettbewerb aus dem Rennen warf. Was noch schlimmer für Dieter Thoma war: Im Krankenhaus bekam

Blick zurück im Schmerz.

er einen Bericht in die Hände, in welchem stand, er dürfe ein Jahr lang keinen Sport mehr ausüben und müsse Leistungssport ganz aufgeben. Für den Patienten brach eine Welt zusammen. Total deprimiert heulte er wie ein Schloßhund, denn schon damals bedeutete das Skispringen für ihn alles. Der behandelnde Arzt kam dazu, und es gelang ihm, das vor ihm sitzende Häufchen Elend wieder aufzurichten. Er zerknüllte den Brief und warf ihn in den Papierkorb - mit der Bemerkung: „Für dich gilt das nicht." Und er erklärte ihm, daß bei gut durchtrainierten Sportlern solche Verletzungen deswegen keine Folgen haben, weil sie durch das Training die Muskelkraft schnell wieder aufbauen können, sodaß keine bleibenden Schäden zu befürchten seien. Sein Bescheid „Ich sehe keine Probleme" ließen Dieter den Arztbrief, der übrigens nicht für seine Augen bestimmt gewesen war, vergessen. Mit Feuereifer stürzte Thoma sich in den Aufbau seiner körperlichen Fitneß. Und relativ schnell hatte er sein Ziel erreicht. „Ich wollte wieder dahin kommen, wo ich schon gewesen war." Mit 18 Jahren sprang er im Weltcup, und dies nach einer Verletzung, welche manch andere Spitzensportler zur Aufgabe gezwungen hätte.

Im nächsten Vorwinter das nächste Malheur. Wie in jedem Jahr ging Dieter Thoma nach Beendigung der Matten-Saison auf Schnee. Nicht, um zu springen, sondern, um alpin Ski zu fahren. Und da passierte es auf einer österreichischen Piste, auf der er eine erste und sehr unliebsame Bekanntschaft mit dem gerade in Mode kommenden Snowboardfahren machte. Er fuhr hinter einem Snowboarder her, nicht wissend um die Fahreigenschaften dieses neuen Gerätes. Daß man das Brett zum Beispiel abrupt abbremsen kann - wer wußte das damals schon so genau. Doch

genau das tat der Vordermann, und Dieter fuhr voll in ihn hinein. „Ich dachte, alles sei aus. Das Knie schmerzte fürcherlich", schildert Thoma seine ersten Gedanken von damals.

Doch er hatte Glück: Zwar machte ihm ein Knochenödem sechs bis acht Wochen Probleme bei jeder seitlichen Bewegung des Knies. Und das ausgerechnet vor den Olympischen Spielen. „Meine Weltcup-Resultate zu Winterbeginn waren nicht toll, aber langsam habe ich mich wieder in der Form gesteigert", erinnert sich Dieter Thoma.

Von anderen Verletzungen spricht er heute gar nicht mehr, etwa von einer Schulterprellung, einem Armbruch oder diversen Gehirnerschütterungen nach Stürzen. Diese blieben nicht ohne Folgen. Im Sommer plagt ihn vor allem beim Training in Predazzo im 1000 Meter hoch gelegenen Fleimstal ständig Kopfweh, das er auf eben diese Gehirnerschütterungen zurückführt.

Regelmäßig stellen sich nach dem Winterstreß im Frühjahr Krankheiten ein, offenbar verfügt der dann geschwächte Körper über zu wenig Abwehrkräfte: Lungenentzündung, Drüsenfieber und sogar Mumps ereilten ihn, alles Krankheiten, die man nicht auf die leichte Schulter nehmen darf. Dieter Thoma führt deren Ausbruch darauf zurück, daß er nach den Anstrengungen der Saison, in welcher man alle Krankheitsanzeichen verdrängt hatte, locker geworden ist, eine Pause einlegt. Dann kommt, so meint Dieter, alles heraus. „Hoffentlich bleibe ich nach dieser Saison von den Krankheiten verschont. Wir wollen endlich in Urlaub fahren. Zwei Jahre haben wir keine Ferien mehr gehabt."

Das war Dieters Wunsch einen Tag vor dem Abflug zu den Olympischen Spielen nach Japan.

Werner Kirchhofer

Wie bei einer Liebesbeziehung

Thoma über Schanzen im allgemeinen und im besonderen

Dieter Thoma hat einen Grundsatz: „Wenn man eine gute Form hat, kann man auf jeder Schanze gut springen." Aber es gibt natürlich Unterschiede. Sie liegen in der Planung und dem Bau des Sprunghügels, und...natürlich auch in der Sympathie, die jeder Springer für eine bestimmte Schanze empfindet. Diese ergibt sich wiederum daraus - ganz logisch - ob man auf ihr Erfolg hatte oder nicht.

So empfindet Thoma fast ein Liebesgefühl zur großen Schanze in Lillehammer, auf der er zweimal zur Saison-Eröffnung gewann, zur Schattenbergschanze in Oberstdorf, wo er dreimal gewann, und auch die neue Schanze im japanischen Sapporo mag er gerne.

Angetan haben es ihm auch die Flugschanzen, deren größte in Planica steht, aber auch die Heini-Klopfer-Schanze im Birgsautal bei Oberstdorf springt er sehr gerne. Nicht ganz so gerne sieht er Schanzen, deren Profil sich fast von Jahr zu Jahr ändern. Die Olympia-Schanze in Garmisch-Partenkirchen ist ein Beispiel dafür.

Ein Kriterium bei der Beurteilung einer Schanze ist der Schanzentisch. Lang oder kurz ist da die Frage? In Bischofshofen zum Beispiel sieht Thoma ein Problem beim verhältnismäßig langen Tisch: „Erwischt man den Absprung genau, dann kann man die Schanze gut springen, aber kommt man nur Sekundenbruchteile zu spät, dann sind ruckzuck einige Meter weg."

Und wo liegt der Vorzug der Olympia-Schanze in Lillehammer? Dieter Thoma sieht ihn darin, daß man auf diesem modernen Hügel immer irgendwie den Hang entlang fliegen kann. Man kommt flach heraus und kann als guter Springer gegenüber dem schwächeren einige Meter gutmachen. Springt man mit flachem Oberkörper weg, nimmt man viel Geschwindigkeit mit und hat unten noch Geschwindigkeitsreserven. Man muß einfach das richtige Timing erwischen. Wie Fußballer, die lieber mit bestimmten Schuhmarken gegen bestimmte Bälle treten, so gibt es im Umkehrschluß auch Schanzen, die Dieter Thoma nicht sonderlich mag. Es sind die, die ungünstig im Wind stehen.

Er erinnert an die Sicherheitsvorkehrungen im alpinen Rennsport, beim Abfahrtslauf vor allem: „Da sind überall Begrenzungen zur Sicherheit der Fahrer. Es dürfte doch kein Problem sein, bei windanfälligen Schanzen Windnetze zu bauen. In Lahti zum Beispiel gibt es in jedem Jahr Probleme mit dem Wind." Dem soll nach dem Umbau der Schanze Abhilfe geschaffen sein.

Gute Noten bekommt bei Thoma die Adlerschanze in Hinterzarten. „Sie ist ideal zum Trainieren", sagt er. Dabei ist diese Schanze nicht leicht zu springen. Sie erfordert viel Gefühl. „Wer auf der Adlerschanze gut springt, beweist sein Können. Das hat sich mittlerweile in ganz Europa herumgesprochen. Deshalb kommen so viele Nationen nach Hinterzarten, um hier zu trainieren." Für Dieter Thoma war es die erste 90-Meter-Schanze, auf der er sprang. „Es ging gut und es war für mich ein ganz anderes Gefühl als vorher die Sätze von den kleineren Schanzen. Vielleicht mag ich auch deshalb meine Heimatschanze so gerne."

Werner Kirchhofer

Thomas Liebling: Die Adlerschanze in Hinterzarten.

Kapitel 4

*Jeder große Erfolg braucht einen guten
Anlauf. Nach seinem Sieg bei der
Vier-Schanzen-Tournee erwischte
Dieter Thoma auch bei den
Weltmeisterschaften im Skifliegen einen
hervorragenden Absprung.
Im norwegischen Vikersund ließ er
Jens Weißflog (Bronze) und
Matti Nykaenen hinter sich (Bild links)
und kehrte - in der Tat völlig überra-
schend - mit Gold nach Hause zurück.*

Der
Traum vom Fliegen

Beim ersten Versuch Weltmeister

Kein Mensch ist mit Skiern je weiter geflogen als Thoma: 213 Meter

Fliegen können wie ein Vogel - das ist seit Menschengedenken ein Wunschtraum der Erdenbürger. Dädalus und Ikarus, der griechische Sagenheld und dessen Sohn, der mit seinen Wachsflügeln der Sonne zu nahe kam und abstürzte, sind schon in der Antike zu tragischen Figuren geworden, weil sie diesen Traum träumten.

Trotz des tödlichen Absturzes hat es an Versuchen, sich ohne Motorkraft in die Lüfte zu erheben, nie gefehlt. Man braucht nicht die Geschichte des Schneiders von Ulm als Beispiel heranzuziehen. Man findet wirklichkeitsnähere Beispiele im Sport. Wenn Fallschirmspringer im freien Flug ihre Formation suchen, ehe sie die Reißleine ziehen, kommen sie dem Ideal schon recht nahe. Und auch die Skispringer können auf Flugschanzen für sich in Anspruch nehmen, wenigstens einige Sekunden wie ein Vogel in der Luft zu schweben.

In diesen unvergeßlichen Augenblicken genießen sie das Gefühl, wirklich zu fliegen, ohne technisches Gerät zu Hilfe zu nehmen. Thoma zählt zu denen, die diesem Menschheitstraum nahe gekommen sind, er ist auch einer derer, die dieses Hochgefühl lieben gelernt haben. Und er ist der Mensch, der mit Skiern an den Beinen den weitesten Sprung gemacht hat: 213 (in Worten: zweihundertdreizehn) Meter!

Nachdem er 1990 die Vierschanzen-Tournee gewonnen hatte, wurde Thoma für die Skiflugweltmeisterschaften im norwegischen Vikersund benannt. Er dachte sich weiter nichts dabei, daß er zum ersten Mal über eine dieser großen Flugschanzen gehen sollte. „Wird schon gut gehen", sagte er sich nur. Auf der Fahrt von Oslo über Drammen nach Vikersund wurden die Gesichter der Konkurrenten im Bus immer länger: Nur wenig Schnee und unfreundliches Wet-

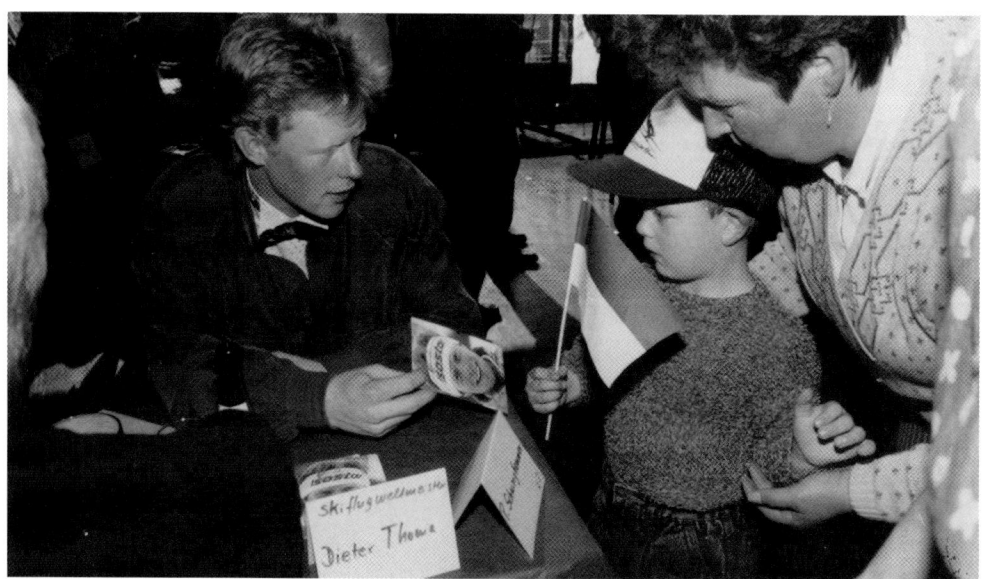

Gefragte Autogramme eines frischgebackenen Skiflug-Weltmeisters.

Transparent für den siegreichen Heimkehrer aus Vikersund: Hinterzarten grüßte seinen Weltmeister.

ter. Tags zuvor hatten alle schon gedacht, daß der Wettkampf ausfallen würde, denn es schüttete wie aus Eimern. Die meisten Springer hatten deshalb am Abend vor dem Springen wahrscheinlich ein oder zwei Bier mehr als sonst getrunken.

Dann, am Tag danach, doch der erste Sprung. Thoma flog auf 150 Meter hinaus und war begeistert: „Es war ein tolles Gefühl. Ich war so hoch wie nie zuvor. Ich hatte unheimlich viel Druck unter dem Ski. Das war total anders als bei den normalen Springen, die ich bis dahin kennengelernt hatte." Im Wettkampf verbesserte er seinen persönlichen Weitenrekord auf 165 und 171 Meter. Und am Ende war er Weltmeister vor Matti Nykaenen und Jens Weißflog. „Das war auch für mich eine irre Überraschung, bei meinem ersten Skifliegen gleich Weltmeister zu werden."

Dieter Thoma hatte riesigen Spaß am Skifliegen gewonnen. Im nächsten Jahr ging es nach Planica, in die eigentliche Heimat des Skifliegens, denn dort war die erste Flugschanze im Tal des Dreiecks Jugoslawien-Österreich-Italien schon vor dem Krieg gebaut worden. „Hier war meine beste Marke 182 Me-

ter, und wieder war es das herrliche Gefühl des Schwebens hoch in der Luft und des schier endlosen Fluges. Unter den Besten der Welt belegte ich den dritten Platz", erinnert sich Thoma, ein Punkt hinter dem Sieger.

Wieder in Planica schraubte Dieter Thoma seine Bestmarke sogar auf 213 Meter, mußte jedoch in den Schnee greifen. Bei 211 Metern aber hatte er einen voll gültigen Versuch. Übrigens: 213 Meter - weiter ist noch kein Mensch auf Skiern geflogen.

Januar 1998. In Oberstdorf folgte der absolute Höhepunkt für die deutschen Springer im Skifliegen: Beim großen Skifest, das an den drei Tagen rund 120.000 Zuschauer an die Schanze lockte, lieferten die Deutschen nicht nur dem japanischen „Überflieger" Kazuyoshi Funaki einen großen Kampf, sondern sie maßen sich auch auf höchster sportlicher Ebene untereinander.

Für Dieter Thoma war es in dieser Saison noch nicht optimal gelaufen, sieht man einmal vom glänzenden Start in Lillehammer ab. In Oberstdorf, vor eigenem Publikum und als der große Favorit angereist, wollte er zeigen, daß er besser war als es die Resultate dieses

Winters glauben machen wollten. Das führte freilich gleich am ersten Wettkampftag zu einer Verkrampfung, wie man sie schon nach seinem Sturz in Oberstdorf bei der Vierschanzentournee beobachten mußte. Er beendete den Samstag auf dem sechsten Platz. Freund Sven Hannawald bestätigte seinen „Lauf". Vor Funaki flog er auf den ersten Platz - eine Sensation, welche die Massen begeisterte. Hannawald war auf 193 und 191,5 Meter gekommen, Funaki auf 191 und 187,5. Dieter Thoma belegte - wie gesagt - Rang sechs hinter den Norwegern Brenden, Stensrud und Ottesen, die mit den wenig ermunternden Windverhältnissen ein bißchen besser zu recht kamen. Thomas Weiten: 185,5 und 184 Meter - nicht schlecht, aber nicht gut genug, um noch weiter nach vorne zu fliegen. Auf den erwarteten - weil groß angekündigten - 200-Meter-Sprung warteten die Zuschauer vergebens.

Sie wurden am Sonntag entschädigt. Funaki legte den Kopf zwischen die Skispitzen und landete bei 203 und 205,5 Metern. Es war eine wahre Augenweide, den Japaner fliegen zu sehen. Dies war es jedoch auch, als Dieter Thoma sich in die Lüfte katapultierte: In „japanischem Stil" flog, flog, flog und flog er. Nach 203,5 Metern im ersten Durchgang landete er sicher bei 209 Metern im zweiten Versuch – die mit einem Millionenaufwand umgebaute Schanze hatte ihren neuen Rekord. Der Rekordhalter hieß Dieter Thoma. Und die Sprungrichter konnten diesmal selbst an seiner Landung nichts aussetzen. Lediglich Funaki erhielt höhere Noten: Dreimal blieb eine 20 für ihn stehen. Thoma landete an diesem Tage als Zweiter hinter dem Japaner. Und Sven Hannawald? Er hatte angesichts seiner Topform Nerven wie Drahtseile, er landete bei 199,5 und 203 Metern und Tho-

mas bester Freund war am Ende Vize-Weltmeister hinter Funaki. Dieter Thoma wurde Dritter der Gesamtwertung und war insgesamt zufrieden. Ihn freute, daß er die größte Weite geschafft hatte. „Ich habe gezeigt, daß ich es noch kann", meinte er bescheiden.

Reinhard Heß, der Bundestrainer, strahlte mit seinen Burschen. Die Plätze zwei und drei, dazu die Ränge zehn (Jäkle) und elf (Duffner) bei einer Skiflug-WM - das hatte es vorher in dieser Breite noch nie für deutsche Skiflieger gegeben. Dieter Thoma zu seinem Rekordflug: „Am Anfang merkte ich gar nicht, daß es so weit gehen würde. Ich hatte zwar gespürt, daß ich den Absprung schön erwischt hatte, daß die Ski gut liegen. Man empfindet den Druck gut, aber plötzlich fliegt man immer höher und höher und merkt irgendwann, daß es ganz schön weit geht. Dann sieht man nur noch die gut markierte 213-Meter-Linie und schließlich die Grenze zwischen sauberem und schmutzigem Schnee, der bei 210 Metern begann. Da wußte ich, daß es brutal weit gehen würde und habe aufgemacht. Es war ein wahnsinniges Gefühl, ab 200 Meter immer höher zu kommen."

Für Thoma ist das Skifliegen eine Faszination, eines der gigantischsten Erlebnisse, die dieses Leben zu bieten hat. Das Berauschendste für ihn ist es, den Hang entlang zu fliegen, nicht zu hoch hinauszukommen. „Das ist ein einmaliges Gefühl," sagt er, „in solchen Augenblicken erfüllt sich dann der Traum vom Fliegen." Und wir wissen: Von 0 auf 213 Meter - die Erfolgsbilanz des Dieter Thoma - gerade im Skifliegen - ist beeindruckend.   *Werner Kirchhofer*

Der Lohn für den Gewinn der Vier-Schanzen-Tournee und den Weltmeistertitel im Skifliegen: Aus der Hand des damaligen Bundespräsidenten Richard von Weizsäcker erhält Dieter Thoma 1990 das silberne Lorbeerblatt.

Gedanken zwischen den Sprüngen

Von Dieter Thoma

Konzentration ist beim Skispringen das A und O, sie ist einfach sehr wichtig - vielleicht sogar am wichtigsten. Wer sich nicht auf den Punkt konzentrieren kann, der hat keine Chance, gut zu springen, ja, er läuft sogar Gefahr, wegen mangelnder Konzentration zu stürzen und sich zu verletzen. Die Pause zwischen den Sprüngen, der Weg vom Auslauf wieder hinauf zum Schanzenturm, bietet die Möglichkeit zu dieser Konzentrationsphase.

Eine große Rolle spielt dabei, ob man bereits einen guten Sprung hinter sich hat, einen Versuch, dessen Weite und Ausführung der Trainer sofort über Funk gelobt hat. Da geht man den langen Weg beschwingten Fußes leicht und locker hinauf, man weiß, daß die Form stimmt. Natürlich tut man sich bei solchen Voraussetzungen leichter mit der Konzentration, man denkt in solchen Augenblicken nur daran, den guten Sprung zu wiederholen. Man riskiert dann auch schon einmal einen Blick ins Publikum, man hört die aufmunternden Zurufe und nimmt sie auch wahr. Die Konzentration ist da und sie hält an, bis man oben wieder in die Spur geht.

Ganz anders ist es nach einem schlechten oder gar einem völlig mißratenen Sprung. Man weiß ja selbst schon im Auslauf, daß der Versuch nicht gut war. Dann kommen die Korrekturen vom Trainer. Je schlechter der Sprung war, desto mehr Verbesserungsvorschläge und Ermahnungen gibt es - logisch. Mit ihnen beschäftigt man sich auf dem Weg zum nächsten Sprung.

Natürlich versucht man immer, so gut wie möglich zu springen. Deshalb beschäftigt man sich mit den Korrekturen, man setzt sich mit ihnen fachlich auseinander, man sucht sich das Wichtigste davon aus und konzentriert sich darauf. Dabei ist man mit seinen Gedanken allein, man nimmt kaum mehr etwas wahr, man hat keine Zeit mehr, an irgendetwas anderes zu denken als an eben diesen nächsten Sprung. Das setzt sich fort, wenn man oben ist und die Ski präpariert. Es gibt nur noch den einen Gedanken, der einem bei diesem mechanischen Vorgang immer wieder durch den Kopf schießt: Du darfst die Fehler des vorhergehenden Sprunges nicht mehr machen, du mußt früher abspringen, du mußt den Wind schneller korrigieren, du mußt besser landen, du mußt, du mußt, du mußt...

Ich weiß, daß ich in solchen Situationen unnahbar und unansprechbar wirke. So geht es nicht nur mir, sondern eigentlich allen Kollegen. Das ist einfach so.

Erfahrene Journalisten wissen dies auch und akzeptieren dieses ungeschriebene Gesetz der Branche, dieses auf den ersten Blick eigenwillig scheinende Verhalten. Sie sind ebenso zurückhaltend und begehren zwischen den Durchgängen auch keine Interviews. Neulinge versuchen es allerdings immer wieder und sind böse oder frustriert, wenn sie dann einen unfreundlichen Blick ernten oder manchmal nicht einmal eine Antwort erhalten. Man wird dann oft vorschnell als überheblich eingestuft, in die Schublade „arrogant" geschoben. Diese Journalisten vergessen, daß auch sie nicht gestört werden wollen, wenn sie sich auf ihre anspruchsvolle Arbeit konzentrieren müssen.

Störung unerwünscht: Dieter Thoma zwischen zwei Durchgängen.

nicht allzu wohl, wenn der Trainer schließlich durch das Winken mit der Fahne von seiner Tribüne aus das Zeichen gibt, loszufahren. Man hat den Rückenwind des Vordermanns im Hinterkopf, obwohl man andererseits auch weiß, daß sich der Wind längst gedreht haben kann. Manchmal wäre es deshalb besser, nichts zu hören und nichts zu sehen.

Andererseits möchte ich, wenn ich gut plaziert bin, schon gerne wissen, wie es meinem Gegner ergangen ist, welche Weite er erreicht hat, wie hoch die Haltungsnoten ausgefallen sind. Hatte er einen sehr guten Versuch, dann weiß ich, daß die Bedingungen stimmen, daß ich alles in meinen Sprung legen muß. Ein starker Sprung des Konkurrenten kann also durchaus auch für mich eine motivierende Wirkung haben.

In der allerletzten Konzentrationsphase vor dem Sprung läßt man sich allenfalls ablenken von den Versuchen der wichtigsten Konkurrenten. Diese schaut man sich in der Regel schon an. Vor allem oben auf dem Turm bekommt man viel mit, wenn ein guter Sprecher die Zuschauer fachlich gut fundiert informiert. Man hört Weiten und Noten, man bekommt die Bedingungen mit, unter denen der Vordermann springen mußte. Dieses Wissen ist jedoch nicht immer gut. In Innsbruck meldete der Speaker über Lautsprecher zum Beispiel, ob der jeweilige Springer Rücken- oder Aufwind hatte.

Da sitzt man auf dem Balken und hört vom Rückenwind des Konkurrenten. Man fühlt sich dann in der Tat wirklich

Generell: Gedanken zwischen den Sprüngen - sie lassen sich nur schwer zusammenfassen. Allgemeingültig auf keinen Fall, weil wir Springer Individualisten sind und jeder auf seine Art das Springen gedanklich verarbeitet. Nur die Zielsetzung ist bei allen gleich: Möglichst gut und möglichst weit zu springen - das ist unsere Philosophie.

Aufgezeichnet von Werner Kirchhofer

113

Kapitel 5

Nach dem Rücktritt von Jens Weißflog gehörte auch Reinhard Heß nicht zu denjenigen, die in Dieter Thoma den Siegspringer im deutschen Team sahen. Inzwischen hat der Bundestrainer, übrigens Brautführer der Thomas, seine Meinung revidiert. Der Rebell entwickelte sich zum Leitwolf des Teams. Kein Training ist ihm zu hart, keine Verletzung hat ihn besiegen können. Der Erfolg steht - abgesehen von der Familie - über allem.

Vom Rebell zum Leitwolf

Ein Mann frißt Eisen und Stahl

Training muß sein - wie das tägliche Zähneputzen

Der Feuerkopf glüht. Rücklings liegt er auf der Beinpresse im Kraftraum und wuchtet die Scheiben hoch, er stöhnt und beißt auf die Zähne, er quält sich und schindet sich, und wir wissen jetzt, was Manuela Thoma meint, wenn sie sagt: „Wenn man meinem Mann Kieselsteine in den Mund steckt, kommt hinten Sand raus."

Ein Mann frißt Eisen und Stahl. Dieter Thoma hat sich fast fünf Zentner auf die Stange gepackt. Er ballt seine Fäuste, bläst die Backen auf, „pfff, pfff, pfff", und stößt mit den Beinen die schweren Gewichte nach oben. So gibt man sich also kurz nach dem Frühstück im Schwarzwald die Folter. Aber wenn du ihn fragst, wie das ist, wenn er morgens aufsteht und an diese Tortur denkt, das Training, lächelt er nur.

„Wie Zähneputzen", sagt er, „es muß sein."

Weil man einen Menschen am besten kennenlernt, wenn

Schnellkraftübungen und Gymnastik, noch das angenehmere Programm im harten Trainingsalltag.

er sich mit seinem inneren Schweine-
hund herumschlägt, also in dieser täglichen Tretmühle, haben wir ihn dort be-
sucht. „Halb zehn", hat er gesagt, und
Glockenschlag halb zehn stapft er durch
den Schnee in die Hinterzartener Sporthalle. Mit Fußball geht's los. Das deutsche Schanzengeschwader gibt sich so-
zusagen kickend die Kugel, Jäkle und
Schmitt, Hannawald und Thoma, und
der eröffnet den Tag mit einem Abstau-
bertor.

„Jaaaaa!", gellt es durch den Saal -
der „Boris der Lüfte", wie ihn die Branche ob seiner Klasse und Haarfarbe
nennt, muß allerdings noch etwas an
seiner Becker-Faust arbeiten.

Eine halbe Stunde Fußball zum Spaß
und Aufwärmen, und Schluß ist mit lustig. Nach der Mattengymnastik geht's
an die Beinpresse. Man gönnt sich ja
sonst nichts, sagt sich Thoma und fängt
mit 200 Kilo an. Pfff. Pfff. Pfff.

Wie geht's dem Knie?

„Zur Zeit kann ich alles machen", sagt
er und scheint sich selber zu wundern.
Endlich mal beschwerdefrei, endlich mal
kein Problem, was für ein schmerzloser,
seltener Winter. Das ist nicht immer so
gewesen, weißgott nicht, und die vielen
Triumphe und Trophäen, die er in der
Biographie und Vitrine hat, bis hin zum
olympischen Lorbeer in Bronze, Silber
und Gold in Lillehammer beziehungsweise Nagano - das ist wahrlich nicht
allein der Lohn seiner Leistung, da ist
auch gleich noch das Schmerzensgold
inbegriffen für die sieben schweren Verletzungen, die dieser geprügelte
Schanzenspringer schon hinter sich
hat. Einmal hat er sich den Oberschenkel gebrochen, sechsmal wurde sein lin-
kes Knie operiert.

„Im Schrank", sagt Thoma, „hab' ich
ein Stück Knorpel im Glas." Als Souve-
nir des Schmerzes. Aber auch als Beweis seiner schier grenzenlosen Fähig-

Ein Mann gibt alles: Dieter Thoma beim Training an

keit, sich zu überwinden - wie oft hat er
ganz neu anfangen müssen.

Wir blättern in der Chronik ein paar
Jahre zurück.

Hinterzarten. Ein Morgen im Herbst
'92. Ein Morgen an der Adlerschanze.
Es ist früh und feucht, und Vater Franz

der Kraftmaschine. Dort holt er sich die Dynamik für den Absprung.

runzelt auf seinem Hochstand die Stirn. Ob's heute mal besser klappt? „Das Schlimme", sagt Thoma senior, „sind die Zweifel. Die sind grauenhaft. Oft hat der Dieter g'sagt: Vatter, i lern's nie."

Den V-Stil. Jahrelang ist er anders gesprungen und damit ein Großer ge-worden, Skiflug-Weltmeister, Sieger der Vierschanzentournee '90, und nun? Ganz klein muß er wieder anfangen und das „V" üben wie die Kinder das Laufen.

Eine Tortur - für Körper und Kopf.

Er springt, aber er springt zu kurz, und er landet mit gemischten Gefühlen. Wie

so oft. Karl Haßler, der Stützpunkttrainer, hat den Sprung aufgenommen. Per Video. Als sein Schützling im Sessellift wieder nach oben schaukelt, ruft er ihm zu: „Absprung sitzt!"

Das ist Seelsorge. Aufmunterung. Erste Hilfe. Der nächste Sprung ist besser, und der Vater und der Trainer juchzen die Tonleiter im Chor hinauf und wieder herunter: „Jaaaaaaa!"

Begeisterung. Freude. Hoffnung. Genugtuung. Alles steckt drin. Vor allem Erleichterung. Der Stein auf der Seele, man hört ihn purzeln. Zuviel hat dieser Bursche in den Monaten zuvor mitgemacht und ertragen. V wie Verzweiflung. V wie Verletzung. Erst das Pfeiffersche Drüsenfieber. Dann eine Angina. Bis zur Bewußtlosigkeit hat er Bonbons geschlotzt.

Thoma: „Salbeibonbons. Den Preis weiß ich noch auswendig: 1,95 Mark in der Apotheke."

Im folgenden August hatte er dann eine seiner Knieoperationen. Danach Krankengymnastik. Krafttraining. Langläufe am Berg. Sechs Wochen nach dem Eingriff wieder Sprungtraining. Alle drei Tage vier Spritzen. Schmerzen. Rückschläge. Selbstzweifel.

Ein Winter im Leben des Skispringers Thoma.

Ein Winter von vielen.

Jetzt sind wir im Winter 97/98, er kämpft mit der Beinpresse, ist froh, daß das Knie irgendwie wieder hält und erzählt uns mehr von diesen Zweifeln und der Angst, diesen ständigen Begleitern. „Du kannst in einer Saison dreimal in Form kommen und sie dreimal wieder verlieren", sagt Thoma und übt mitten in der Halle den Handstand, als ob er sich die trüben Gedanken aus dem Kopf

schütteln will.

An der Beinpresse ist er jetzt bei 240 Kilo. Pfff. Pfff. Pfff. Er zerbeißt wieder Kieselsteine zu Sand.

Im Kraftraum ist er zweimal pro Woche. „Die Muskulatur", sagt er, „braucht diesen Anreiz. Das ist wie ein Stromschlag, sie muß aktiviert werden, damit sie nicht lahm wird. Sie glauben gar nicht, wie schnell das passieren kann: fünf Tage Fieber, fünf Tage im Bett - und schon fliegen die Muskeln weg."

Karl Haßler, der Trainer, stellt zwei Stangen auf und legt eine Latte darüber. Thoma federt vom Sprungbrett ab und springt hoch und weit über die Hürde. Vier, fünf Hüpfer. Pause.

Diese Übung hat schon vor der Saison zu seinem Aufbauprogramm im Wald gehört, in der strapaziösen Phase. Thoma: „Man ist die Belastung da nicht mehr gewöhnt, alles tut weh, und im Frühjahr hab' ich auch noch Mumps gehabt und hab' zwei Wochen im Bett gelegen - ich war total tot." Und dann in den Wald, Kondition bolzen, die langen Läufe am Berg - gut, daß der Vater dabei war, sein Trainer und Manager, der hat ihm ein bißchen aus dem Motivationsloch geholfen.

„Die Wade tut etwas weh", sagt Thoma nach der nächsten Sprungserie über die Latte, „ein Ziehen." Doch so ein Wehwehchen ist manchmal ganz gut, für den Kopf, damit der etwas zu überlegen hat und nicht abschweift. „Das ist wie beim Tennis - wenn's da 40:0 steht, darfst du das Spiel nicht als gewonnen abhaken, sondern mußt konzentriert bleiben und den Sack vollends zumachen. Auch das Skispringen ist eine brutale Kopfangelegenheit."

Kein Wunder, daß Thoma für Thomapyrin wirbt.

„Mein Vater hatte diese Idee, und die waren sofort Feuer und Flamme", lacht er über seine Werbepartner, springt wieder über die Latte - und legt eine passable Telemark-Landung mit den Füßen hin.

Das ist das, was ihm noch gelegentlich Kopfweh bereitet: Die ideale Beinstellung bei der Landung, dieser Hofknicks vor den Wertungsrichtern, damit die nicht auf Notlandung und Punktabzug bei der Haltungsnote erkennen.

„Skispringen", sagt Thoma, „ist für mich aber schön und weit springen - und deshalb, das sage ich offen, nervt mich das."

Die Nerven. Der Druck. Die Skispringer kennen die verschiedensten Mittelchen, um damit fertig zu werden. Matti Nykaenen hat zur Flasche gegriffen, Goldi Goldberger gelegentlich eine Linie Schickimicki-Schnee geschnupft - konsultiert man auch mal den Psychologen?

„Ich nicht", sagt Thoma, „ich mag es nicht, wenn einer auf mich einlabert."

Sein Ausgleich ist der Urlaub. Da schaltet er ab und taucht ab - und zwar im wahrsten Sinne des Wortes, nämlich auf den Malediven oder in der Karibik. Nur in den letzten Jahren ist das partout nicht gegangen, erstens weil sein Söhnchen Nicolas auf die Welt kam, und zweitens wegen der sich häufenden Termine für seine Sponsoren, Bad Dürrheimer Sprudel, WeberHaus, Subaru und Thomapyrin - die Pharmafirma hat ihm gegen das Kopfweh übrigens einen Vertrag bis ans Ende der Karriere gegeben.

Er hatte schon Partner, die nicht ganz so treu waren.

Etwa damals, in seinen kalten Wintern vor fünf, sechs Jahren. Da wollten diverse Firmenleute und Funktionäre nicht mehr viel von ihm wissen. Der Flop von Albertville, das anfängliche V-Fiasko, die Leistungsgesellschaft kennt keine Gnade. Zur Strafe haben sie ihn vorübergehend aus dem Elitekader runtergestuft.

Optimalförderung adieu.

„Mein Hauptsponsor Isostar", hat uns Thoma damals erzählt, „hat sich auch gleich verabschiedet", und wir erinnern uns, wie er den Kopf schüttelte und sein Rotschopf brannte, und zwar so lichterloh, daß fast Hinterzartens Freiwillige Feuerwehr ausgerückt wäre. Da ähnelt er dann Boris Becker, wenn er in den Schläger beißt. Oder Matthias Sammer, dem lodernden Zündholz aus der Fernsehwerbung. Das Gesetz heißt gewinnen - das ist die Erfahrung, die er damals ins weitere Leben mitgenommen hat.

„Es ruft dich keiner mehr an", hat damals auch Vater Franz erkannt, „wenn du mal unten bist."

Oben bleiben heißt also die Devise. Hoch und weit springen. Nur das Fliegen ist schöner. Ein Flug über 200 Meter. Allein schon der Gedanke verleiht ihm Flügel. „Geil", sagt Thoma.

Das hört sich nach Rausch und Erotik an, und für dieses Gefühl kann man die tägliche Schinderei schon mal vergessen, sogar den kalten Kraftraum mit der martialischen Beinpresse und diesen springerischen Trockenübungen: Bis zum Abwinken hüpft Thoma an diesem Vormittag noch vom Sprungbrett in die ausgestreckten Arme von Trainer Haßler - mit abschließender Telemarklandung.

„Beim Tennis", sagt er, „kann einer in kurzer Zeit 2000 Schläge durchziehen - ich dagegen kann nicht schnell mal 2000 Sprünge machen." Also machte er diese Imitationen, bis dem Trainer der Arm lahm wird - und die Uhr zwölf Uhr mittag schlägt.

Ende der Tortur. Jetzt darf Dieter Thoma sich auf das freuen, was er bei weitem am liebsten hat, seine Frau und den Filius - und „Spaghetti mit Basilikumsauce", sagt er und flüchtet nach Hause.

Oskar Beck

Die Wandlung

Vom Rebell zum Leitwolf

Der 19. Oktober 1969 war ein Sonntag. Für die Familie Franz Thoma in Hinterzarten war es ein besonderer Feiertag: In der Wagner-Klinik erblickte der fünfte Sproß dieser Linie der Thomas das Licht der Welt. Susanne, die Zwillinge Franz und Georg sowie Elisabeth hatten noch einen Bruder bekommen - ein Sonntagskind eben. Auf den Namen Dieter wurde der Knabe getauft. Langeweile hatte es bei den bis dahin vier Kindern schon nicht gegeben, der neue Erdenbürger sorgte auf seine Weise für zusätzliche Belebung des Familienlebens. Der aufgeweckte kleine Kerl war in seinem Tatendrang nicht zu bremsen. Der Skisport vor allem wurde zu seiner Passion. Das vom Vater entdeckte Talent wurde von Kindheit an gefördert, zunächst freilich nur neben der Schule her.

Die Schulzeit in Hinterzarten und dann an der Realschule in Neustadt erlebte Dieter Thoma wie jeder junge Mensch. Mit der mittleren Reife schloß er ab. Schulbücher hatte er bei den Wettkampfreisen immer dabei und die Lehrkräfte, die ihm Nachhilfe-Unterricht erteilten, damit er bei oft langer Abwesenheit auf dem Stand der Klasse bleiben konnte, wunderten sich immer wieder, wie er es schaffte, den umfangreichen Lehrstoff zu bewältigen.

Auch die berufliche Ausbildung zum Einzelhandels-Kaufmann absolvierte er gewissenhaft und ließ sich dann noch

---

Wer nicht kommt zur rechten Zeit ....

Wie alle anderen Kinder liebte es auch Dieter, mit zum Einkaufen gehen zu dürfen. Die Scheibe Wurst an der Fleischtheke oder der Schokoladenriegel außer der Reihe hatten stets ihren Reiz. So auch an jenem Tag damals. Dieter bettelte schon den ganzen Vormittag, mit nach Neustadt in den Edeka-Markt fahren zu dürfen. Obwohl er, damals fünf Jahre alt, zu den kleinsten seiner Altersklasse gehörte, zählte er in Sachen Beharrlichkeit zu den Größten. Da seine letzten Streiche schon eine Weile zurücklagen, war nichts gegen seinen Wunsch einzuwenden. Als wir, das heißt Dieters Oma, seine Schwester Elisabeth und ich, abfahrbereit waren, war Dieter nirgendwo aufzufinden. Im Haus war er nicht, auch nicht im Garten und offensichtlich auch nicht in Rufnähe. Ich wußte, daß er kurz vorher noch mit meinem Mann am Windeck war. Wir konnten nicht länger warten und fuhren los. Nicht ahnend, daß Dieter uns von weitem zusah und wutentbrannt den Berg hinab uns hinterherrannte. Als wir unsere Einkäufe erledigt hatten und den Markt verließen, traf mich fast der Schlag. Unmittelbar vor uns hielt ein Taxi, aus dem mir mein Jüngster entgegensprang und schimpfte: „Warum habt ihr mich nicht mitgenommen?" Da ist der Zwerg doch tatsächlich die rund drei Kilometer zum Taxi-Dienst am Bahnhof gelaufen, um sich nach Neustadt chauffieren zu lassen. Weil der Taxifahrer Dieter bereits von Fahrten vom Kindergarten nach Hause kannte, wurde er auch nicht mißtrauisch, daß die Fahrt nun nach Neustadt gehen sollte. Viel zu schockiert, um lange zu schimpfen, gab ich dem Fahrer die geforderten 12,50 DM. Am Abend erhielt Dieter für seinen Ausflug eine gehörige Standpauke, aber wirklich böse sein konnten wir ihm nicht. Später, als er schon schlief, mußten wir noch lange über unseren kleinen Dickschädel schmunzeln.

Inge Thoma

im Versicherungswesen ausbilden, selbst in einer Zeit, als er sportlich schon sehr erfolgreich war und es sich schon abzeichnete, daß er einmal vom Skispringen würde leben können, als Profi. Sich beruflich abzusichern - dies war einfach Schwarzwälder Art: Der Mensch mußte einen ordentlichen Beruf haben, wenn er in diese Welt passen sollte.

Der sportliche Erfolg stürzte auf ihn ein, er schien ihn zu verändern. Oder war es nur die Zeit, eine Zeit, die junge Menschen zu schnell vermeintlich erwachsen machte und viele dazu verführte, nur noch ihre Meinung und ihre Lebensart gelten zu lassen?

Dieter Thoma geriet in eine Persönlichkeitskrise, er verlor an Sympathien in der breiten Öffentlichkeit, die er zuvor als unbeschwerter Sunnyboy und Erfolgsspringer in reichem Maße auf sich vereint hatte. Schroff konnte er Autogrammjäger abweisen, vor Interviews mit Journalisten floh er hin und wieder, er war zuweilen mürrisch - auch im Kreise seiner Mannschaftskameraden.

Bei den Weltmeisterschaften 1993 im schwedischen Falun kam es schließlich zum Eklat: Die Mannschaftsleitung des Deutschen Ski-Verbandes (DSV) beschloß, „zur Vermeidung von Unruhe in der Mannschaft" Dieter Thoma nach Hause zu schicken. Das war sicher eine überzogene Entscheidung gegenüber einem 23jährigen Skispringer, und sie traf ihn wirklich hart.

Aber er wäre kein Thoma, wenn er nach einem solchen Schlag kampflos aufgegeben hätte. Da war doch noch ein Stück des „Rebellen", der er gewesen war, als er sich und allen, die es hören wollten oder auch nicht, sagte: „Ich komme wieder, verlaßt euch darauf." Mit der gleichen Energie, mit der er als Zwölfjähriger einen Oberschenkelbruch überwunden hatte (in einer rasenden Schußfahrt war er eine vom Vater verbotene Waldabfahrt hinuntergeprescht und in Kopfhöhe gegen einen Baum geprallt) und mit 17 Jahren einen Kreuzbandriß wegsteckte (beim letzten Trainingssprung für eine Alpencup-Konkurrenz stürzte er schwer). Vor allem die erste Diagnose der Ärzte schockte Thoma: „Nie wieder Sport", las er schwarz auf weiß und wurde erst durch einen anderen Arzt beruhigt: „Ein Jahr Pause, dann kannst du wieder springen."

Und im Zusammenhang mit dem ersten schweren Unfall als Junge erinnert er sich heute: „Ich lag auf dem Boden, als der Vater kam. Er war wütend, weil ich sein Verbot mißachtet hatte, und er sagte, bevor er noch erste Hilfe leistete, nur einen Satz: Nur ein Wort - und du kriegst auch noch die Hucke voll." Dieter Thoma hat diesen Satz bis heute nicht vergessen. Heute kann auch Dieter Thoma über diese Unfälle einigermaßen locker reden - jeder weiß, daß er sich mit eisernem Willen wieder an die Weltspitze seiner Sportart herangearbeitet hat.

Zudem präsentierte sich menschlich gereift ein anderer Dieter Thoma, einer, der wieder an den fröhlichen, netten Jungen erinnerte, den alle so gemocht hatten. Er war erwachsen geworden, er war ausgeglichener als zuvor, er konnte wieder herzlich lachen, er machte jeden Spaß mit. Kurzum: Dieter Thoma hatte sich vom Rebellen zum Vorzeige-Athleten gewandelt. Nicht umsonst wurde er später sogar zum Sprecher der Skispringer gewählt. Seine Meinung hatte fortan auch in Verbandskreisen Gewicht, weil er sie sachlich, fundiert und ruhig vortragen konnte.

Und er setzte sich für das Springen und die Springer ein. So forderte er zum Beispiel, daß bei starkem Nebel nicht gesprungen werden darf. Da hatte er schmerzhafte Erfahrungen gemacht, als er sich in Liberec im Nebel „verirrte" und böse stürzte. Auch bei extremen Windverhältnissen sollten Springen abgesagt oder abgebrochen werden, weil die Gefahr für die Springer zu groß ist. Sicherheit beim Springen - das war immer sein höchstes Ziel. Schließlich sind er und seine Springer-Freunde Profis - jeder Sturz kann das Ende der Laufbahn bedeuten. Da mußte profihaftes Denken einfach im Vordergrund stehen.

Eine große Rolle spielte im Leben des Dieter Thoma zunächst das Elternhaus. Dort stimmte alles, er fand zwischen den Wettkampfreisen in alle Welt die Ruhe, die er zur körperlichen und geistigen Regeneration brauchte. Hier konnte er sich vor dem Trubel, der um seine Person entfacht wurde, verstecken. Er liebt(e) es gar nicht, wenn um ihn als Sportstar zuviel Wirbel gemacht wurde, und er war froh, wenn er nach großen Erfolgen zu Hause öffentlich nicht allein empfangen wurde, sondern andere Spitzensportler aus Hinterzarten mit dabei waren, wie zuletzt - nach erfolgreich absolvierter Vierschanzentournee - sein Freund Sven Hannawald.

Ganz allein im Mittelpunkt zu stehen, das war nie seine Sache; es war ihm beinahe peinlich. Seiner Freude über Erfolge konnte es keinen Abbruch tun, wenn mit ihm andere geehrt und gefeiert wurden.

Ein neuer Abschnitt in Dieter Thomas Leben begann am 26. November 1992 in der Nähe von München. In Planegg wurde die deutsche Mannschaft für den Winter eingekleidet. Dabei war auch eine Reporterin eines Privat-Radiosenders aus Nürnberg. Dieter konnte und wollte sein Interesse an der bildhübschen jungen Dame nicht verbergen. Er begann von der Bühne aus zu flirten, die beiden tauschten schließlich die Adressen aus, und eine Liebe begann, die am 5. August 1995 schließlich in die Ehe mündete. Manuela und Dieter Thoma wurden im Standesamt von Hinterzarten und in der Kirche von Kirchzarten zum Ehepaar getraut.

Manuela verpaßte kein Springen, entweder vor dem Fernsehapparat oder live vor Ort. Ihre gewinnende Art kam bei den Springer-Kollegen an; sie wurde von Anfang an akzeptiert.

Im neuen Haus am Rössleberg gründete das Paar seinen Hausstand. Am 12. September 1996 gab es Zuwachs: Nicolas-Maximilian wurde geboren. Das Glück war vollkommen. Aus dieser Zeit stammt Dieters Ausspruch: „Man kann nicht nur Skispringen im Kopf haben."

Das Wissen, eine Familie zu haben, bedeutete für ihn Verantwortung. Er trägt sie gerne, denn Frau und Sohn bedeuten ihm alles. Das läßt ihn das sportliche Geschehen, Sieg, Platz oder Niederlage, gelassener ertragen.

Eines freilich hat er nicht abgelegt: Seinen Ehrgeiz, gut zu springen und zu gewinnen. Den hatte er schon als Kind und er wird ihn bis zum Ende seiner Laufbahn behalten.

Werner Kirchhofer

Der Fernsehkuß...

Bei jedem Wettkampf, den Nicolas-Maximilian am Fernsehapparat verfolgt hat, nahm er rege am Geschehen teil. Manchmal lief er in der Anfahrtshocke um den Wohnzimmertisch und manchmal hüpfte er von seinem Bobby-Car auf den Teppich. Bei jedem Springer rief er jedoch ganz verzückt „Papi, Papa". Als nach dem Ende der Weltcup-Veranstaltung in Ramsau ein Interview mit Dieter gesendet wurde, trippelte der Kleine zum Fernseher. Er stellte sich auf seine Zehenspitzen, versuchte das Gerät zu umarmen und drückte einen dicken Kuß auf die Mattscheibe. Ganz verliebt hörte er seinem Vater zu und das „Papi", das dann kam, galt ihm ganz allein.

In zwei Stilarten Weltspitze

Von Reinhard Heß, Bundestrainer

Der Mensch: Wie jeder Mensch absolvierte auch Dieter eine Entwicklung, die mit dem kalendarischen Reifeprozeß, mit persönlichen und gesellschaftlichen Erfahrungen und Erfordernissen und letztlich auch mit seiner eingegangenen familiären Bindung in engem Zusammenhang steht.

Dem früheren Hitzkopf steht heute ein junger Mann vor, der in der Lage ist, Situationen objektiver zu beurteilen, Probleme zu diskutieren, Entschlüsse durchdachter vorzubereiten, sowie auch ein höheres Maß an Selbstkritik einzuordnen.

Dieser Entwicklungsprozeß änderte nichts am Grundanspruch der Persönlichkeit, offen und ehrlich seine Meinung vorzubringen, was teilweise auch sehr bestimmt zum Ausdruck kommt und Konfrontationen provoziert. Das bedeutet für die jeweiligen Partner, sich mit der Problematik auseinander zu setzen, Überzeugungsarbeit zu leisten oder auch Einsicht zu zeigen, wenn Argumentationen angemessen sind.

Als Trainer finde ich diesen Charakterzug des Menschen Dieter Thoma positiv, auch wenn dann der Umgang nicht immer einfach ist und mit „Arbeit" verbunden wird.

Das Ergebnis einer solchen „Auseinandersetzung" ist aber in der Regel vorwärtsorientiert, es erbringt Fortschritte für beide Seiten.

Als äußerst wichtig bewerte ich die Persönlichkeitsmerkmale an Dieter Thoma, die mit seiner grundlegenden Herkunft verbunden sind. Dieter ist relativ einfach geblieben, ein Mensch „zum Anfassen", der sich auch mit den weniger schönen Problemen der Menschheit beschäftigt, wie Hunger, Drogen, Krieg, Umwelt. Zum anderen ist es Dieter gelungen, das „Kind im Manne" zu erhalten, den „Lausbuben" Thoma.

Der Skispringer: Skispringen und Skifliegen ist eine Synthese aus Können (Mensch) und Material. Für mich ist primär der Athlet entscheidend, wenn eine Gewichtung dieser beiden Positionen angesprochen wird. Der Athlet Dieter Thoma beinhaltet den „Schnellkrafttypen" und den „exzellenten Flieger", die als wichtigste Grundbestandteile der sportlichen Leistung vorstehen. Beide Voraussetzungen sind mit einem gewissen „Naturell" verbunden, das in den Athleten integriert ist.

Der Athlet Thoma besitzt eine weitere, ganz entscheidende Voraussetzung für erfolgreiches Skispringen (Skifliegen), die „große Liebe" für den Sport, das „Herz" für diese Disziplin, welches das „Erlebnis" Skispringen/Skifliegen bewirkt.

In höherem Maße erarbeiten muß sich Dieter den athletischen, konditionellen Grundzustand, der entscheidend für die Belastungsverträglichkeit ist. Dieser Trainingsaspekt fällt ihm auch nicht so leicht, verlangt Engagement und Überwindung. Erinnern muß man im Zusammenhang mit der sportlichen Entwicklung von Dieter Thoma an die Tatsache, daß er in der Lage war, in zwei epochalen Stilarten Weltspitzenleistungen zu erbringen. Das untermauert das „Skisprung-Phänomen" Dieter Thoma und seine Willensbereitschaft.

Diese Willensbereitschaft und Willensspannkraft ist gefragt, wenn es um die „Sommerleistung", das „Sommertraining" geht. Dieter ist kein „Sommerspringer". Er wird zu einem anderen Menschen, sobald die ersten Schneeflocken fallen. Dann beginnt er, „Blut zu riechen" und seine Motivation wächst.

Die Konkurrenten: Dieter ist äußerst ehrgeizig. Er ist ein „Siegspringer", der diesen Anspruch auch verinnerlicht. Diese Typen von Athleten nehmen „Niederlagen" nicht widerspruchslos hin. Sie akzeptieren aber auch außergewöhnliche Leistungsangebote der Konkurren-

sich mit einer solchen Rolle nicht identifiziert. Der Trainer sieht das allerdings anders.

Jedes Team muß dankbar sein, wenn es in den eigenen Reihen Athleten besitzt, die Weltspitze verkörpern, die Anspruch und Maßstab setzen. Bewußt oder unbewußt übernehmen solche Athleten diese Führungsrolle und sind unentbehrliche „Steuergrößen" für Trainer und Athleten. Zu entscheidenden

Bundestrainer Reinhard Heß (Mitte) - für Dieter Thoma mehr als nur ein Trainer.

ten. Im „innerbetrieblichen" Konkurrenzkampf fällt die Anerkennung des ebenbürtigen Partners noch schwerer, die die „Ordnung" negiert. Davor ist Dieter nicht gefeit.

Der „Leitwolf": Oft wird die Frage gestellt, wie die Spitzenathleten die mannschaftliche Entwicklung eines Teams fördern, beziehungsweise unterstützen, was mit Begriffen wie „Leitwolf", „Führpferd" oder „Schutzschild" einhergeht.

Zu solchen Fragestellungen hat Dieter immer negierend geantwortet, er hat

Trainingsphasen und Wettkampfansprüchen war Dieter in der Lage, eine solche Position einzunehmen. Diese Feststellung beinhaltet auch eine Selbstkritik in eigener Sache.

Nach der Ära Jens Weißflog zu einem ebenbürtigen Nachfolger befragt habe ich damals des öfteren geäußert, daß dieser Athlet nicht so schnell zu ersetzen sein würde. Dieter Thoma hat mich eines besseren belehrt. Vielen Dank für diese Erkenntnis. Die „Wachablösung" ist gelungen.

Dieter Thoma und die Angst...

„...allenfalls vorm Versagen"

Wem geht es nicht so, wenn er oben auf einer Schanze steht und ein paar hundert Meter weiter unten die kleinen Menschen sieht: „Da raus und runter - für kein Geld dieser Welt." Und nachträglich noch einmal ernennen wir „Eddi the Eagle" zu unserem Stellvertreter in der Heldenrolle. Der wurde zum Superstar der Olympischen Spiele von Calgary, weil es damals zum ersten Mal jene Kameras gab, die es ermöglichten, die Angst und das Weiße in den Augen des Briten hundertfach vergrößert von der riesigen Videowand abzulesen.

„Eddie the Eagle" war in der Tat ein Hosenscheißer. Er zitterte noch Minuten, nachdem wir ihm im Gehege des Zoos von Calgary einen Adler auf den Arm gesetzt hatten. Für dieses Foto bekam er damals 1000 Dollars. Der Zoodirektor, ein Deutscher, der die Geschichte für uns arrangiert hatte, sagte, dabei könne überhaupt nichts passieren. Doch Eddie brachte hinterher vor lauter Angst die Scheine nicht in den Geldbeutel.

Wir haben auch vollstes Verständnis für die Aussagen des Wiener Skipsychologen Walter Oberlechner über die Angst beim Skifliegen. Der sagt: „Wenn es kritisch wird, sind Dumme und Trinker im Vorteil. Manche holen sich so den Mut." Bekannt ist auch das Zitat des deutschen Cheftrainers Ewald Roscher: „Jeder Springer, der behauptet, er hätte keine Angst, der lügt."

Dieter Thoma dagegen glaubt, daß 90 Prozent der Springerei nichts mit Angst zu tun hat. Und wenn schon, dann sei Respekt der richtige Begriff. Aber dieser Respekt stelle sich erst mit der Zeit und als Folge von Stürzen oder langwierigen Verletzungen ein.

Thoma: „Die Jungen, die noch kein schlimmes Erlebnis im Kopf haben, die kennen das nicht. Erst später, wenn bei einer bestimmten Situation die ganzen Eindrücke von solchen Erlebnissen in dir hochkochen, da muß man sich dann zusammenreißen und diese Bilder innerlich überwinden."

Im Grunde genommen aber, denken die meisten Skispringer nur selten an die Gefahr oder an die Möglichkeit eines Sturzes. Sie haben ja schon als Kinder gelernt, mutiger als andere zu sein und von Schanzen zu springen. „Da bilden

Mit Mut auf dem Weg zum Abflug.

sich Synopsen im Gehirn", so Psychologe Oberlechner, „die automatische Handlungsabläufe ermöglichen. So muß es sein im Sport, sonst können sie nicht fliegen oder auch einen einstudierten Spielzug in einem Ballspiel nicht bringen. Wenn sie anfangen zu denken, den Kopf in der Wettkampfsituation brauchen, dann geht gar nichts mehr."

In eine solche Lage kommt Dieter Thoma nur selten. Und wenn, dann hat dies mit den äußeren Verhältnissen zu tun. „Etwa zehn Prozent unserer Wettkämpfe werden unter denkbar schlechten Wetterverhältnissen durchgeführt. Da fragt man sich manchmal schon: Kommst du da heil runter?"

Vorm Sprung in die Tiefe, die sich manchmal kaum durch Konturen abzeichnet, hat Dieter Thoma also keine Furcht, höchstens vor dem, was kommt, wenn er zu früh auf den Boden muß. „Die Angst, zu verlieren, die Angst vorm Versagen, die ist schon da", sagt er.

Das Problem einer Gesellschaft, die junge Sportler ganz schnell aufs Podest hievt und genau so schnell wieder von ihm herunterzieht, falls der Erfolg ein paarmal ausbleibt, stellt für Dieter Thoma das weitaus größere Problem dar. „Wenn du denkst, was morgen in der Zeitung steht und daß du dort als Looser dastehst."

Doch diese Angst kann wie beim Mannschaftsspringen in Hakuba auch zur Motivation werden. Thoma: „Da schrieben schon die ersten von den abgestürzten Suppenhühnern, denen haben wir gezeigt, daß wir Schwarzwälder Adler sind."

Adler kennen keine Angst. Höchstens, sie heißen Eddie.   *Martin Hägele*

Kapitel 6

Ich bin stolz auf meinen Mann - so
Manuela Thoma - als Dieter bei Sturm
nicht sprang. Die Vernunft hatte gesiegt.
Er war wild und doch pflegeleicht,
erinnert sich die Mutter. Er war ein
schlagfertiger Schulbub - so die Lehrerin.
Ein Vorbild für die Jugend - sagt Onkel
Georg Thoma. Stimmen aus dem
Umfeld. Und der Vater hatte es immer
gewußt: Er war Dieters Entdecker, beglei-
tete seinen Sohn vom Kind zum Mann.

In den Augen der andern

Er war wild und doch pflegeleicht

Mutter Inge über ihren Dieter

Inge Thoma, Dieters Mutter, ist ein Kind von der Waterkant, geboren in Hamburg, aufgewachsen in der Hansestadt und in Heide in Schleswig-Holstein, beruflich in Hamburg tätig, bis sie 1955 den Drang verspürte, für ein Jahr in den Schwarzwald zu ziehen. Aus dem Abstecher von damals wurden bis heute 43 Jahre, denn in Hinterzarten lernten sie und Franz Thoma sich lieben, sie heirateten. Vier Kinder, Susanne, die Zwillingsbrüder Franz und Georg (benannt nach Vater und Onkel) und Elisabeth waren der ehelichen Verbindung bereits entsprungen, als mit fünf Jahren „Verspätung" mit Dieter wieder ein Sohn eintraf. Die Mutter, die mit Sport eigentlich gar nichts am Hut hatte, verschwendete damals keinen Gedanken daran, daß aus dem rotblonden Knaben einmal ein Skispringer der Weltklasse werden würde. Ihre Hauptsorge galt dem Wohlbefinden des Jüngsten.

„Dieter war ein richtiger Wildfang, immer auf Trab und kaum zu halten, immer zu Späßen bereit, die man ihm am Ende aber nicht verübelte, weil er dabei so herzhaft lachen konnte und nie ungezogen frech wurde." So ungestüm er manchmal auch gewesen sei - Dieter, so sagt die Mutter - „war wild und doch pflegeleicht". Ihre Fürsorge zog sich durch die Jugend von Dieter. In Erinne-

Platz im Koffer

Ging Dieter auf Reisen, legte Mutter Inge die frischgewaschene Wäsche und was er sonst noch mitnehmen mußte, bereit. Den Koffer packen durfte sie aber nicht; das wollte Dieter selbst machen. Vor der Reise nach Lake Placid schaute sie ihm zu und wunderte sich, daß er eine Ecke freiließ. „Warum", fragte die Mutter. Der 16jährige antwortete überzeugt: „Da kommen die Ehrenpreise hin, die ich gewinnen werde." In der Tat brachte er eine Goldmedaille für den Sieg im Mannschaftsspringen mit und dazu einen Erinnerungspreis. „Siehste", sagte er beim Auspacken und lachte dabei.

rung blieben Inge Thoma vor allem die schönen Abende nach dem gemeinsamen Training von Vater und Sohn. „Da setzten wir uns in der guten Stube zusammen bei Kaffee und einem Imbiß, Dieter konnte die Beine hochlegen, eine Kerze wurde angezündet, und wir plauderten. Das war immer besonders heimelig und machte Dieter großen Spaß. Er war froh, sich nach getaner Arbeit richtig wohlfühlen zu können."

Als Dieter erst von den kleinen Hügeln des Schwarzwaldes sprang und auch heute noch, wenn er sich die Großschanzen dieser Welt hinunterstürzt, bekennt die Mutter, was wohl jede Mutter leicht nachempfinden kann: „Ich habe Angst gehabt und ich habe sie auch heute noch." Die Sorge bleibt - egal, wie alt und erwachsen Dieter inzwischen geworden ist, egal, daß er inzwischen Frau und Kind hat, „daß er gut herunter kommt und ihm nichts passiert".

Damit, daß ihr Sohn den Beruf eines Profiskispringers ausübt, damit hat die Nichtsportlerin sich längst abgefunden.

Sind die Schauplätze der Wettbewerbe einigermaßen gut zu erreichen, reist sie zusammen mit Franz zum Wettkampf und freut sich über jeden Erfolg. „Am meisten aber freut es mich, wie ausgeglichen Dieter geworden ist." Da gibt es bei aller Freude über den Erfolg keine Überschwenglichkeit, und auch bei Enttäuschungen gewinnt letztlich schnell die Ausgeglichenheit die Oberhand: „Ihn dazu zu erziehen, war uns immer ein wichtiges Ziel."
                                    W. Kirchhofer

Ein Pokal und stolze Eltern: Inge und Franz Thoma.

Dieter, ein Vorbild für die Jugend

Von Georg Thoma, Olympiasieger und Weltmeister

Eines möchte ich meinem kurzen Beitrag für dieses Buch voranstellen: Dieter, mein Neffe, ist ein ganz hervorragender Sportsmann. Dafür bringt er alle Voraussetzungen mit, dafür arbeitet er aber auch hart. Er trainiert mit großem Fleiß, nichts ist ihm zuviel, und es zeichnet ihn aus, daß er kämpfen kann. Außerdem verfügt er über Ehrgeiz, der nun einmal die Grundvoraussetzung für Spitzenleistungen ist. Das allerdings führt manchmal dazu, daß die Leichtigkeit verloren geht. Aber seine sportliche Entwicklung ist absolut positiv.

Ich habe natürlich immer seine Laufbahn mit großem Interesse verfolgt und muß heute sagen, daß Dieter eine große Belebung für den Skisport, vor allem für das Springen darstellt. Mich hat überrascht und gefreut, daß er nach dem Rücktritt von Jens Weißflog so nahtlos den Übergang in eine Führungsrolle geschafft hat. Im Schwarzwald hat er als Vorbild für die Jungen gewirkt, er hat sie an die Weltklasse herangeführt. Sie brauchten einen Leitwolf wie ihn.

Als Mensch kenne ich Dieter von Kindesbeinen an, möchte aber eines ganz deutlich klarstellen: Mit seiner sportlichen Entwicklung habe ich nichts zu tun gehabt. Diese ist das alleinige Verdienst seines Vaters, meines Bruders Franz, der für ihn der Motor war. Vielleicht hat in unserer Familie etwas von seinem Großvater, unserem Vater Albert abgefärbt, der ein leidenschaftlicher Skisportler war. In seinen Sturm- und Drangjahren war der Dieter sicher nicht ganz pflegeleicht - aber wir alle kennen dies ja von uns selbst oder unseren Kindern. Aber das hat sich gewaltig geändert, seit er älter geworden ist und eine Familie gegründet hat.

Zu seiner sportlichen Entwicklung möchte ich sagen: Sie ist einfach phantastisch. Manchmal mache ich mir nur Sorgen, daß er bei seinen tollen Sprüngen zu hoch herunter kommt und dann Probleme mit der Telemark-Landung bekommt. Die gab es auch in meiner Zeit schon. Ich lag in unserer Mannschaft mit dieser Landungstechnik so etwa in der Mitte - nicht ganz schlecht, aber auch nicht sehr gut. Wenn man weit springt, ist es nicht leicht, eine Telemark-Landung hinzulegen. Aber der Dieter wird es packen, dessen bin ich mir sicher. Und ich wünsche es ihm. Und auch das möchte ich zum Abschluß hinzufügen: Ich möchte ihm noch sehr oft zu großen Erfolgen gratulieren können.

Aufgezeichnet von Werner Kirchhofer

Beobachter der Karriere des Neffen: Georg Thoma.

Der schlagfertige Schulbub

Lehrerin Ursel Kaiser erinnert sich

Ursel Kaiser, Lehrerin an der Neustädter Realschule, erinnert sich an den kleinen, rothaarigen Burschen aus Hinterzarten, der ein durch und durch normaler Schüler war und auch nach seinen sportlichen Erfolgen nicht zum Außenseiter wurde, bei seinen Mitschülern sehr beliebt war. „Er war eher schüchtern und zurückhaltend", sagt sie. Und: „Wer mit ihm umgehen konnte, hatte keine Probleme. Nur Lehrer, die den Sport ablehnten, konnte er ärgern."

Sport war auch in der Schule die Lieblingsbeschäftigung von Dieter Thoma. Ursel Kaiser, selbst ausgebildete Sport- und Skilehrerin, bescheinigt ihm, daß er ein guter Turner war, „seine Sprungkraft fiel auf. So konnte er aus dem Stand sogar einen Salto machen." Doch nicht nur das Turnen, sondern der Sport ganz allgemein war die Welt des Schülers Thoma. Trotzdem: An „Jugend trainiert für Olympia" beteiligte er sich nicht, weil hierbei nur Langlauf auf dem Programm stand. Er war schließlich ein Springer.

Wie ernst Dieter und seine Eltern den Leistungssport schon während der Schulzeit nahmen, zeigen zwei Episoden: Als die Klasse ins Schullandheim reiste, brachte Thoma sein komplettes Essen mit. Er sollte sich bewußt sportgerecht ernähren. Oder: Eines Tages brachte er ein ärztliches Attest mit, aus dem hervorging, er dürfe sich nicht am Schulsport beteiligen, weil er sich als Leistungssportler nicht verletzen dürfe.

Seine besten Fächer waren Mathematik und Naturwissenschaften. Probleme hatte er mit Sprachen. Ursel Kaiser: „Doch es ging auch in diesen Fächern aufwärts, als er zu Wettkämpfen ins Ausland reiste. Da hat sich zum Bei-

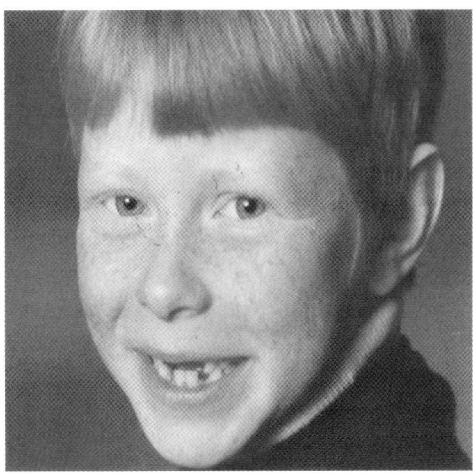

Schüler Thoma: Salto aus dem Stand.

spiel sein Englisch sehr verbessert." Die Erfolge im Sport taten auch seinen schulischen Leistungen gut, sie gaben ihm Selbstvertrauen. Die mittlere Reife schaffte er mit der Note 2,6. Ein gutes Ergebnis. Ursel Kaiser, die heute natürlich den sportlichen Weg von Dieter Thoma mit großem Interesse verfolgt, faßt zusammen: „Er war ein richtiger Schwarzwälder Bub: Aufgeweckt und schlagfertig." Ein Urteil, das heute noch Gültigkeit hat.   *Werner Kirchhofer*

Naß gemacht

Wenn der kleine Dieter am Lifthang war, war immer etwas los. Manchen Kurgästen verging allerdings die Freude, wenn sie Opfer eines Streiches wurden. „Den machen wir naß", zwinkerten sich Dieter und seine Freunde zu. Aus voller Fahrt zogen sie dann einen Bremsschwung zum Stand, direkt neben den Lift. Der aufgewirbelte Schnee überschüttete den Gast. Die Schimpfkanonade hörten die Übeltäter nicht mehr, denn sie waren inzwischen getürmt. Im Schuß natürlich...

Entdecker, Trainer und Manager

Vater Franz als Bezugsperson

Jeder Spitzensportler wird einmal „entdeckt". Meist sind es die Trainer in den Vereinen oder die sportinteressierten Lehrer in den Schulen, die auf Talente aufmerksam werden und sie an den Hochleistungssport heranführen. Haben sie dort einmal ihren Platz gefunden, dann kommen sie nicht mehr ohne einen Berater aus, der ihnen zur Seite steht, wenn es um das Aushandeln von Verträgen geht oder andere Dinge mit finanziellem Hintergrund zu klären sind. Das alles liegt im Hause Thoma in einer Hand.

Vater Franz Thoma, der in seiner aktiven Zeit zu den besten Langläufern im Schwarzwald gehörte und auch zum Kreis der Nationalmannschaft zählte, war Entdecker seines jüngsten Sohnes Dieter und ist sein Heimtrainer und Manager in einer Person.

Die Entdeckung: Sie fand nicht auf dem Sportplatz oder in der Sportstunde in der Schule statt, sondern beim Familien-Spaziergang. „Dieter konnte nicht normal gehen - er mußte immer rennen. Ich konnte immer nur staunen über seine Lungenkapazität", erzählt der Vater.

Skifahren war die Ganztagesbeschäftigung des Sohnes. Vater Franz: „Wenn meine Frau und ich im Lokal am Lift arbeiteten, war der Dieter verschwunden. Von früh bis abends war er am Hang und wir machten uns manchmal sogar Vorwürfe, daß wir es vielleicht nicht einmal bemerken würden, wenn er zum Beispiel entführt worden wäre. Wir bekamen ihn den lieben langen Tag nicht zu sehen."

Zeugen aus jener Zeit berichten, daß der Knirps sich mit vier und fünf Jahren vom elterlichen Lift nach oben ziehen ließ und in Schußfahrt zu Tal raste, um sich sofort wieder hochziehen zu lassen. Franz Thoma erkannte die Entwicklung des Sohnes, das Talent und die Muskelkraft. Vor allem die, die er in den Oberschenkeln entwickelte. „Mit fünf Jahren war Dieter ein perfekter Skifahrer", erinnert sich der Vater. Für ihn war die Liebe, um nicht zu sagen die Sucht Dieters, zum Skifahren die Basis für die spätere Laufbahn.

„Ein Skispringer muß skifahren können", lautet seine Devise noch heute. Franz Thoma erkannte schnell, daß aus dem jungen Wildfang auch ein Springer werden könnte. Sobald der erste Schnee gefallen war, baute er ihm kleine Schneehügel. Er erkannte die Veranlagung und die Freude Dieters am Springen. Die Hügel wurden immer größer und mit ihnen die Begeisterung Dieters. Skispringen war für ihn der ganz große Spaß. Es kam die Schulzeit, doch auch sie konnte die Skibegeisterung Dieters nicht bremsen. „Ein schlechter Schüler war er nie", bestätigt ihm der Vater. Mit dem Skisport wurde es ernster. Aus Spaß wurde Wettkampfsport. Der Vater war sein ständiger Begleiter bei Schüler- und später bei Jugendmeisterschaften.

Training: Die ersten Erfolge des Buben stellten sich ein. Jetzt galt es, richtig, ernsthaft zu trainieren. In Ernst Schwörer, einem früheren Spitzenspringer des Schwarzwaldes, der schon Onkel Georg Thoma die ersten Tips für das Springen gegeben hatte, fand Dieter einen idealen Aufbau-Trainer. Und Vater Franz war (und ist es heute noch) sein Mann für die körperliche Verfassung. Nicht immer waren Vater und

Franz und Dieter - Vater und Sohn, ein sehr erfolgreiches Team.

Die Firmen der Ski- und der Zubehörbranche bemühten sich um den erfolgreichen jungen Mann, sie wollten ihn für ihre Werbung einspannen. Gegen Bezahlung natürlich. Mit wachsenden Erfolgen kamen auch immer mehr skifremde Firmen auf die Idee, daß man mit populären, positiv be-

Sohn sich einig über die Trainingsgestaltung. Man setzte sich dann zusammen und diskutierte, manchmal auch heftig. Am Ende stand der Konsens, man einigte sich auf eine Trainingsform, die beide akzeptieren konnten. Waldläufe in der Landschaft um Hinterzarten gehören zum gemeinsamen Programm, Gymnastik und dann und wann Tennis ergänzen es. Besonders wertvoll war diese Arbeit des Vaters für Dieter nach seinen zahlreichen Verletzungen, wenn es darum ging, den Rekonvaleszenten körperlich, aber auch moralisch aufzubauen, Dieter wieder Mut zu machen. Wie man weiß, es gelang ihm immer wieder. Was den väterlichen „Heimtrainer" besonders auszeichnete: Er ging mit dem Talent des Sohnes sehr sorgsam um. Er zwang ihn nie zum Training und dosierte es gerade nach Verletzungen so geschickt, daß es mit der aktuellen körperlichen Verfassung in Einklang zu bringen war.

Management: Mit den ersten internationalen Erfolgen nach der Junioren-Weltmeisterschaft bekam Franz Thoma eine weitere, sehr wichtige Aufgabe:

setzten Sportlernamen werben konnte. Mit ihnen zu verhandeln erfordert Geschick. Franz Thoma bringt es immer wieder fertig, für Dieter günstige Verträge abzuschließen, die für seinen Sohn Zukunftssicherung bedeuten. Damit hält er Dieters Kopf frei für den Sport. Mit Problemen um seine Verträge mußte der Sohn sich eigentlich nie befassen.

Der Kreis hat sich für Vater Thoma geschlossen. Mit Stolz blickt er auf die Erfolge des Sohnes, den er entdeckt, trainiert und gemanagt hat.

Werner Kirchhofer

Papa, fang mich!

Rennen und hüpfen war eine Spezialität des kleinen Dieters. Auf den Spaziergängen der Familie sprintete er stets voraus, auf der Suche nach einem Felsbrocken oder einer großen Wurzel. Flugs kletterte er hinauf und reizte den Vater: „Papa, fang mich doch!" Kam Vater Franz näher, hüpfte er herunter, rannte weiter. Das Spiel, vor allem das Herunterspringen, machte ihm riesig Spaß. Daß es einmal zu seinem Lebensinhalt werden würde, konnte damals niemand ahnen.

Seitenlange Liebesbriefe

Manuela Thoma: Wie es ist, mit einem Skispringer verheiratet zu sein

Bis zur Saison 92/93 war Skispringen mir vor allen Dingen in der Form bekannt, daß es meistens am 1. Januar stattfindet und man es meist leicht verkatert, etwa um 12 Uhr vom Bett aus auf ARD oder ZDF verfolgen kann. Te-

---

Boris & Babs I

An einer Autobahnraststätte flüsterte ein etwas irritierter Tankwart zum anderen: „Ich habe eben die Babs bedient, und der Boris war auch dabei". Der zweite Tankwart eilte hinaus. Als wir wieder zum Auto wollten, setzte sich eine Horde junger Leute unter Anführung des zweiten Tankwarts in unsere Richtung in Bewegung und wir konnten nur noch mit einem Sprint zum Auto einer Aufklärung der Situation entgehen.

---

lemark hätte man mir ohne weiteres als skandinavische Währung und Bindungsfehler als Probleme von Eheberatern verkaufen können. Heute, rund fünf Jahre später, erkennt sogar meine Mutter, wenn ein Springer am Tisch zu spät ist oder die Kampfrichter einen Aufsprung zu unterschiedlich bewerten. Ich war bei Springen bei -20 Grad (Oberstdorf), bei Schneesturm (Garmisch, ´94),

---

Boris & Babs II

Als wir am Köln-Bonner Flughafen auf unsere Maschine warteten, die uns in den Urlaub fliegen sollte, hatte Dieter seinen Rucksack mit den Tennisschlägern vor sich stehen. Ein junges Paar drehte sich spontan nach uns um: „Guck mal, der Boris", sagte er zu ihr. Und beide übersahen die nächste Säule.

---

stand knietief im Schlamm (Engelberg, ´97) und es war immer aufregend und einzigartig. Vor lauter Aufregung nehme ich bei jedem live-erlebten Weltcup etwa ein bis zwei Kilo ab. (Die werden zwischen den Wettkämpfen stets wieder mit Süßigkeiten zurückerobert.) Manchmal, wenn es so extrem aufregend ist, wie bei der Ski-Flug-WM ´98 in Oberstdorf, frage ich mich, warum ich mir das eigentlich antue. Aber ich weiß schon vor der Antwort, daß ich bei der nächsten Möglichkeit auf jeden Fall wieder mit dabei sein werde.

Einen Skispringer als Ehemann zu haben hat Vor- und Nachteile. Ein Nachteil ist zum Beispiel, daß man sich als Mutter im Winter als „alleinerziehend" bezeichnen kann, ein weiterer ist die obligatorische Erkältung, die sich nach aufgeregtem Scharren im Schnee während der Wettkämpfe einstellt. Einer der größten Vorteile ist für mich die Möglichkeit, meinen Mann bei seiner Tätigkeit außer Haus fast ständig im Fernsehen beobachten zu können. Welcher „Außendienstler" kann das seiner Frau bieten?

Eine interessante Begleiterscheinung ist auch die Fanpost. Sie wird eigentlich von Bekannten von uns erledigt, aber Spezialwünsche und ähnliches wird weitergeleitet. Es verblüfft mich immer wieder, wenn Dieter seitenlange Liebesbriefe erhält, die mit den Worten enden: „Schöne Grüße übrigens auch an Manuela". Einige Fans schicken auch Zeichnungen von Sprunglaufanzügen mit Raglanärmeln und weiteren „technischen Finessen" mit denen... „Du mindestens 30 Meter weiter fliegst als die Konkurrenz". Es ist schon eigenartig, wie manche Leute mitfiebern. Was ich auch

Wann immer es auch geht bei den Springen dabei: Manuela Thoma.

feststellen muß: Skispringer sind begehrt. In Oberstdorf kam mal eine Frau von etwa 30 Jahren zu mir und meinte „ich weiß ja, der Jens Weißflog hat seine Nicola und der Dieter hat Dich, aber welcher der Springer ist denn noch frei?" Ich leitete sie mit ihrer Frage an Rudi Lorenz, den Masseur und medizinischen Betreuer der deutschen Mannschaft weiter. Der war genauso überrascht wie ich, konnte ihr wohl aber die benötigten Informationen geben. Wir lachen heute noch darüber.

Ich habe kaum einen Beruf kennengelernt, in dem es so wichtig ist, Vertrauen zu haben, wie den Beruf des Skispringers. Dieter braucht Vertrauen in sein Material, Vertrauen in seine Fähigkeiten und Vertrauen zu seinem Trainer. So wie ich Dieter vertraue, daß er weiß, wie weit er in seinem Sport gehen kann, so vertraue ich auch dem deutschen Cheftrainer Reinhard Heß. Dies ist auch der Grund, warum ich Reinhard im Win-

ter '94/95 gebeten habe, bei unserer Hochzeit mein Brautführer zu sein. Er weiß, daß ich ihm im Winter eine der beiden für mich wichtigsten Personen anvertraue und er würde dieses Vertrauen nie mißbrauchen. Als Dieter in Lahti bei einem Wettkampf wegen zu heftigem Wind auf einen Start verzichtet hat, war ich richtig stolz auf ihn. Es bedurfte viel mehr Mutes vom Anlaufturm wieder herunterzugehen und „nein" zu sagen. Weltcup-Punkte sind es nicht wert, die Gesundheit aufs Spiel zu setzen. Das Risiko, sich die Beine zu brechen, um hinterher nur ja nicht als Feigling dazustehen, ist einfach zu hoch. Es lohnt sich nicht.

> **Das Familien-Team**
>
> *Dieter, ich und unsere Waschmaschine. Wer an einem Tag drei große Reisetaschen Wäsche waschen muß, der weiß, was Frauen wünschen.*

Für Ihre Reiseapotheke

NEU

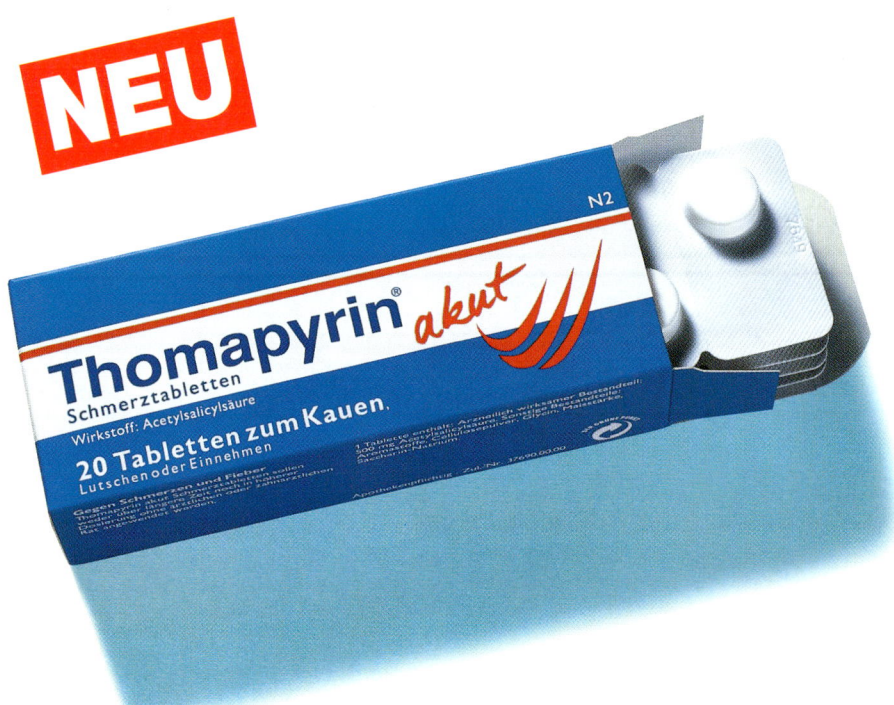

Thomapyrin® *akut*
Schmerztabletten

Boehringer Ingelheim Pharma KG, Vertriebslinie Thomae, Biberach an der Riss

Kapitel 7

*Der Vater, die Trainer
und die Rivalen, die inzwischen zu
Freunden geworden sind.
Dieter Thoma beschreibt die Dinge aus
seiner, rein persönlichen Sicht.
Und auch den Medien, mit denen er nicht
immer in Frieden lebt,
widmet Manuela, seine Frau, ein paar
kritische Worte.*

Aus unserer
Sicht
- rein persönlich

Auf ihn war immer Verlaß

Dieter Thoma über Vater Franz

Mein Vater war mein Wegbegleiter in meiner gesamten Laufbahn, meinem ganzen Leben. Er hat mein Talent beim gemeinsamen Skifahren entdeckt, als ich noch ein Kind war und - wo immer es ging - im Schuß die Piste hinuntergefahren bin.

Er hat die ersten Sprunghügel für mich gebaut, und er ließ in Sonderanfertigung bei Kneissl die ersten Sprungski für mich herstellen. Sie waren gerade einmal 1,70 Meter lang, weil ich damals noch so klein war. Und - ich weiß es noch ganz genau - schwarz waren sie. Damit bin ich auf den 20-Meter-Schanzen gesprungen.

Einen ersten Sprunganzug nähte mir unsere Nachbarin, die Schneiderin war. Das hatte den Vorteil, daß ich zu den Anproben nur ins Nachbarhaus mußte. Dort blieb ich dann meist und spielte mit den Kindern. Ein Abendbrot gab es auch noch.

Den Stoff für den Sprunganzug hatten natürlich meine Eltern bezahlt, die auch alle anderen Ausgaben für mich bestritten. Deshalb war ich heilfroh und - ich gebe es zu - auch ein bißchen stolz, als ich schließlich in den C-Kader des Deutschen Skiverbandes kam und von den Sponsoren ausgerüstet wurde. Es war meine stille Genugtuung, daß ich durch meine Leistung selbst etwas verdiente, und die Eltern nicht mehr alles bezahlen mußten.

Mein Vater aber blieb bis heute mein Trainer, und seit ich Erfolg habe, ist er auch mein Manager. Gerade dafür bin ich ihm sehr dankbar. Sehr wichtig war er für mich, wenn ich nach Verletzungen, deren ich wahrlich genug hatte, wieder aufgebaut werden mußte. Da lei-stete er ganz hervorragende Arbeit. Er wachte freilich auch immer streng über meine Gesundheit.

Ich erinnere mich gut an meinen ersten schweren Unfall: Vor diesem Unglückstag hatte ich am Katzenbuckel ein Schülerspringen gewonnen. Ich war gerade elf Jahre alt. Mit meinem Freund Jürgen Winterhalder vergnügte ich mich zu Hause am Hang an der Windeck. Vater war dabei. Ich rief ihm zu, daß ich die hintere Abfahrt nehmen wollte. Er stimmte zu, warnte aber: „Aber keine Waldabfahrt. Bleibt nur im offenen Gelände."

Und los ging's - natürlich durch den Wald hinunter. Es lief prächtig. Ein kleiner Hügel wurde im Sprung genommen, doch da endete der Spaß abrupt. Ein Baum stand im Weg, und der war stärker als ich. Mit voller Wucht prallte ich dagegen…und blieb liegen. Der Schmerz war wahnsinng.

Der Vater kam hinzu, und man sah ihm an, daß ihn der Vorfall wütend machte. „Wenn du jetzt nur noch einen Ton sagst, dann kriegst du die Hucke auch noch voll", fauchte er mich an. Es ärgerte ihn, daß ich trotz seiner Warnung durch den Wald gefahren war.

Es war eine harte Zeit, die ich nach meinem Oberschenkelbruch mitmachte und erst recht dann, als ich ohne jede Muskelkraft das Training wieder aufnahm. Dabei jedoch kam mir Vaters Hilfe sehr zugute. Sein Trainingsprogramm baute mich tatsächlich wieder auf.

So war es nach allen Verletzungen, die ich im Laufe der Jahre erlitt. Und das waren nicht wenige. Auf Vater konnte ich mich immer verlassen.

Aufgezeichnet von Werner Kirchhofer

Trainer - Wegbereiter des Erfolgs

Von Ernst Schwörer über Ewald Roscher bis Reinhard Heß

Spricht man Dieter Thoma auf seine Trainer an, so nennt er in erster Linie seinen Vater Franz. Er war und ist sein erster Ansprechpartner in allen Dingen, er stellt seinen Trainingsplan für die körperliche Fitneß auf, er begleitet sein Training in jeder Phase. Zum Skispringen gehört aber auch der Praktiker an der Schanze, der für das technische Rüstzeug seines Springers sorgt. In dieser Hinsicht hat Dieter das Glück gehabt, immer hervorragende Fachleute als Lehrmeister zu haben.

Es begann mit Ernst Schwörer, der den kleinen Buben Dieter in die ersten Geheimnisse des Springens einweihte. In den Nachwuchskader des Skiverbandes Schwarzwald aufgerückt, wurde der Trainer der ARGE Baden-Württemberg sein „Chef": Karl Haßler. Der heutige Stabsfeldwebel der Bundeswehr-Sportgruppe Fahl nahm ihn mit knapp 13 Jahren unter seine Fittiche. Haßler war aus Rückershausen im Gebiet des Westdeutschen Skiverbandes nach Fahl gekommen. Der ehemalige aktive Kombinierer und Springer war als Trainer alles andere als das, wie sich die Allgemeinheit einen „Spieß beim Bund" vorstellt. Mit Ruhe und Umsicht leitete er die Jungen an, viel brachte er aus seiner Erfahrung als Aktiver zu ihnen herüber. Auch heute noch trainiert er mit Dieter Thoma, wenn dieser zu Hause in Hinterzarten ist, auf der Adler-Schanze, wobei sich Haßlers Tätigkeit und Anleitung beim fertigen Springer auf kleine Korrekturen und Tips beschränken.

Mit dem Aufstieg in den C-Kader des Deutschen Skiverbandes wurde Peter Schwinghammer aus Garmisch-Partenkirchen sein direkter Trainer. Doch alles stand in diesen Zeiten schon unter der Regie von Ewald Roscher, der nach dem Krieg seine Heimat in Gottesgab im Erzgebirge, von Oberwiesenthal nur durch einen Bach getrennt, der heute die Grenze zu Tschechien bildet, verloren hatte.

Der ehemalige Deutsche Meister, der als erster Deutscher den Tropfenstil gesprungen war, hatte schon Onkel Georg Thoma auf dessen Olympiasieg in Squaw Valley vorbereitet. Roscher - ein gleichermaßen gebildeter wie feinsinniger Mensch - wollte nie etwas erzwingen. Er versuchte zu argumentieren, es war ihm ein Anliegen, zu überzeugen, und dabei hatte er unendlich viel Geduld, gerade mit den ihm anvertrauten jungen Springern. Unter ihm, der auch in Kanada und der Schweiz Nationaltrainer war, schaffte Dieter den Durchbruch nach oben.

Ewald Roscher wurde von Rudi Tusch abgelöst, heute Cheftrainer Sprung im Deutschen Skiverband. Als Aktiver war auch Tusch in Deutschland Spitzenklasse gewesen. Der Allgäuer, heute in Oberbayern ansässig, schlug eine etwas härtere, eine ein wenig derbere Gangart an als Roscher. Das konnte für die Jungen wie Dieter Thoma im Endeffekt nur günstig sein, denn sie brauchten Wettkampfhärte, wenn sie später bei den Senioren mitreden wollten.

Nach der deutschen Wende verpflichtete der DSV mit Reinhard Heß den letzten Chefcoach der DDR-Springermannschaft als Diszplin-Trainer Springen. Mit dem Thüringer aus Suhl tat der Verband einen Glücksgriff.

Als Sportlehrer an der Deutschen Hochschule für Körperkultur (DHFK) in

Leipzig fachlich hervorragend ausgebildet, als ehemaliger aktiver Skispringer zudem mit der Praxis eng verbunden, eroberte er das Vertrauen seiner Schützlinge im Nu und führte sie zu den größten Erfolgen als Mannschaft.

„Er ist ein hervorragender Mann, ehrlich und geradeaus. Er sagt, was er denkt und er spricht oft mit uns, wenn er Probleme sieht", sagt Dieter Thoma über den Coach, der den Titel „Erfolgstrainer" wahrhaft verdient hat.

Und menschlich imponierte an ihm, daß er von Anfang an keinen Unterschied zwischen Springern aus dem Osten und dem Westen Deutschlands machte. Bei ihm zählte nur die Leistung. Gerade die Schwarzwälder haben davon in Lillehammer, Trondheim und Nagano profitiert. Und die Silbermedaille im Teamwettbewerb der Olympischen Spiele von Nagano wird bestimmt nicht das letzte Edelmetall unter Heß gewesen sein. *Werner Kirchhofer*

Freizeit-Fußballer: Dieter Thoma (zweite Reihe, Sechster von links) und die Olympia-Mannschaft.

Beim Fallschirm-Springen geht's ohne Telemark

Die deutschen Skispringer, durch die Bank begeisterte Fußballer, traten zu einem Benefitz-Spiel im nordbadischen Raum an. Einer der bekanntesten deutschen Fallschirmspringer hatte die Idee, daß Dieter Thoma den Ball aus der Luft auf das Spielfeld bringen solle. Er sollte ihn im „Tandemsprung" herunter bringen. Gesagt, getan: Dieter wurde am Springer festgegurtet, raus aus dem Flugzeug, und schon flogen die beiden in der Luft. Alles klappte wie am Schnürchen. Der Schirm öffnete sich und sie landeten schließlich sicher auf dem Spielfeld. „Es war ein tolles Gefühl, so leicht hinunter zu schweben, dem Boden immer näher zu kommen", erzählte Dieter. Und er erlebt dieses Gefühl immer wieder, wenn er über die Flugschanzen geht, 150, 200 Meter und mehr weit fliegt. Der Nachteil: Von den Flugschanzen geht alles viel schneller - und man kann sich keinen Landeplatz aussuchen. Der Vorteil: Beim Fallschirmspringen verlangt keiner eine Telemark-Landung.

„Kein gespanntes Verhältnis"

Dieter über Onkel Georg Thoma

Kein Zweifel: Als Dieter Thoma im Spitzensport „flügge" geworden war, wurde es für ihn problematisch, daß er einen so bekannten und dazu auch noch einen solch populären Onkel hatte. Ihn ärgerte es - und das entspricht durchaus seinem Naturell und ist nichts Negatives - daß man am Anfang in ihm in erster Linie den Neffen des Olympiasiegers, des Weltmeisters, des großen Georg Thoma sah. „Ich wollte meine eigene Persönlichkeit sein, der Dieter Thoma eben", sagt er heute. Darauf legte er wert. Es war eine Bürde für ihn, nur der „kleine" Thoma aus Hinterzarten zu sein. Die trug er im Hinterkopf mit sich herum und er versuchte lange, sie zu verdrängen.

Andererseits bekennt Dieter Thoma mit dem Abstand von ein paar Jahren und der inneren Ruhe von heute, daß ihm der Name des Onkels auch etwas gebracht hatte: „Wenn man zu den Sponsoren kam oder wenn es um den Bekanntheitsgrad ging, dann horchten die Leute schon eher auf, wenn da ein Thoma kam." Er bekam Kontakte leichter und schneller als andere mit Namen Schulze oder Maier, obwohl diese gute deutsche Tradition darstellen. Und noch etwas verschweigt er nicht: Den großen Respekt vor der Karriere des Onkels: „Es war eine Superleistung, die er damals vollbracht hat, und er ist auch heute noch so beliebt, weil er sehr viel für den Sport getan hat und auch heute immer noch tut."

Dabei denkt Dieter vor allem an den „Georg-Thoma-Pokal" für den Nachwuchs, der in jedem Jahr vergeben wird. Und an das von Georg Thoma initiierte Ski-Museum in Hinterzarten. Dieter faßt seine Meinung über Onkel Georg zusammen: „Wenn einer nach so langer Zeit noch so bekannt und auch noch dermaßen beliebt ist, dann heißt das schon etwas." Und er weiß, daß in der heutigen Konsumgesellschaft selbst ein Olympiasieg nicht mehr soviel zählt wie damals, daß man von Zweiten und Dritten lediglich mit dem vorangestellten Wort „nur" spricht.

Eines stellt Dieter Thoma immer wieder fest, ohne dem Onkel weh tun zu wollen: „Mit meinem Training und Management hat Onkel Georg nichts zu tun. Das hat der Vater gemacht und er tut es auch heute noch." Das heißt freilich nicht, daß Georg und Dieter, wenn sie sich zwei- oder dreimal im Jahr treffen, nicht wie Onkel und Neffe miteinander umgehen würden. Konflikte gibt es keine. „Ich spüre, daß er mir den Erfolg gönnt", sagt Dieter und widerlegt damit alle Gerüchte, die von einem gespannten Verhältnis zwischen Onkel Georg und Neffe Dieter wissen wollen.

Werner Kirchhofer

Selbstsicherer Dieter

Die „Skihütte" nennt sich bescheiden das Restaurant an der Talstation der Thoma-Lifte zur Windeck. Dort gibt es natürlich auch einen Stammtisch, der in erster Linie für die Skilehrer reserviert ist. Doch auch Dieter, damals acht Jahre alt, hatte an diesem Tisch seinen eigenen Stuhl. Als dieser einmal besetzt war, forderte er: „Hier sitze ich." Und dazu stampfte er zornig mit dem Skischuh auf. Die kleine „Machtdemonstration" des kleinen, selbstbewußten Kerls wirkte. Der Skilehrer machte ihm lächelnd Platz.

Die Rivalen sind Freunde

Dieter Thoma über Weißflog, Hannawald, Duffner und Jäkle

Auf den Schanzen sind sie Rivalen. Jeder will gewinnen - so ist es im Sport. Doch im Leben außerhalb des Sports sind sie Freunde und Kameraden, die eine große Leidenschaft gemeinsam haben: Das Skispringen. Und so denkt Dieter Thoma über seine Konkurrenten:

Sven Hannawald - Als Sven von

Dicke Freunde: Hanni und Nicki.

men. Sven kommt oft zu uns nach Hause. Wir sitzen zusammen vor dem Fernseher, wir basteln gemeinsam, er ißt mit uns, wenn Manuela gekocht hat. Wir gehen zusammen auch gelegentlich ins Kino oder spielen Tennis. Kurzum: Es ist eine Freundschaft auf Gegenseitigkeit. Jeder ist froh, daß er den anderen hat. Bei uns zu Hause ist er fast wie ein zweites Kind. Und unser Nicki freut sich riesig, wenn der Sven kommt.

Christof Duffner - „Duffi" ist sehr ehrgeizig. Natürlich will auch er immer vorne hineinspringen. Leider ist es bei ihm nicht wie gewünscht gelaufen vor Nagano, deshalb war er oft deprimiert. Da mußte er aufgebaut werden, und wir haben

Erlabrunn im Erzgebirge zum Ski-Internat nach Furtwangen und damit nach Hinterzarten kam, haben wir beide erkannt, daß wir uns prima verstehen. Von da an war klar, daß wir bei Lehrgängen und Wettkämpfen immer ein gemeinsames Zimmer beziehen würden. In Hinterzarten pflegen wir diese Freundschaft. Da ich viel unterwegs bin, habe ich nicht viele Freunde am Ort, Sven hat sie auch nicht. So tun wir uns zusam-

versucht, ihm zu helfen. Die Verletzung, die er hatte, muß er wegstecken. Das ist nicht einfach für ihn. Manchmal fühlte er sich überflüssig. Mit Olympia hat es nicht geklappt, beim Skifliegen kam er nicht ganz nach vorne - das alles war sehr schwer für ihn. Er ist ein richtiger Schwarzwälder: Manchmal kann er total lustig sein, manchmal aber auch sehr nachdenklich.

Hansjörg Jäkle - der Jackson hat sich

wahnsinnig entwickelt. Schon im Sommer war das zu sehen, in Bischofshofen, als er auf dem Podest stand, war der Knoten endlich geplatzt. Bei ihm steht es auf der Kippe, daß auch er einer werden kann wie Hanni. Ich komme mit Jackson sehr gut aus. Er ist ein lustiger Typ, man kann mit ihm über alles reden, er ist sehr aufgeschlossen. So sind eigentlich alle bei uns. Wir sind als Mannschaft gut zusammengeschweißt und haben ein gutes Betriebsklima. Vor allem, wenn wir unterwegs sind, haben wir viel Spaß.

Jens Weißflog - wir waren sportliche Kollegen, wir waren keine engen Freunde, aber wir sind gut miteinander klargekommen. Daß es nicht die große Freundschaft wurde, lag wohl auch daran, daß er kein Schwarzwälder ist. Im sportlichen Wettkampf war das Verhältnis eher gespannt. Das versteht sich von selbst - es war eine gegenseitige Herausforderung. Diese reichte über Jahre zurück. Aber, wie gesagt, unser persönliches Verhältnis war in Ordnung. Interessant ist für mich, daß wir uns besser verstehen, seit Jens mit dem Springen aufgehört hat und wir nicht mehr Rivalen sind. Daß er jetzt als Co-Kommentator für das ZDF tätig ist, freut uns alle, weil er das Skispringen fachlich ausgezeichnet herüberbringt.

Aufgezeichnet von Werner Kirchhofer

Dieter und die Presse

Jeden Winter dasselbe. Einige meiner ehemaligen Kollegen der Presse richten über gut und böse, mutig und feige, Wind oder Flaute. Manchmal habe ich mir gewünscht, eben jene, die meinen, eine Plazierung zwischen vier und 15 zeuge von heftigem Versagen, den Anlaufturm hinaufzujagen und unter Androhung eines 47strophigen tibetanischen Volksliedes die Schanze hinunterzuschubsen. Die landen garantiert nicht im Telemark, auch nicht, wenn sie das vierte oder fünfte mal aufprallen. Wenn der Wind so heftig weht, daß Redakteur XY seinen Dackel beim Spazierengehen an die Leine legt, damit es ihn nicht in die nächste Ortschaft bläst, müßte er doch eigentlich verstehen, daß ein Skispringer, der auf einen Start verzichtet, sehr verantwortungsvoll handelt. Er ist nicht feige. Aber: In den meisten Büros sitzt man doch sehr windgeschützt. Ganz lustig im Gegensatz dazu ist die Darstellung von Dieters Familienleben. Während die Namensvariationen unseres Sohnes Nicolas-Maximilian von Niklas bis Nikolaus reichen und sein Geburtstermin laut Zeitung irgendwo zwischen August und November 1996 gelegen hatte, nennt mich eine Sport-Zeitung hartnäckig und trotz besseren Wissens Manuele. Es heißt, es liege daran, daß mein Name so im Computer gespeichert sei und er deswegen immer so geschrieben bleibt. Am liebsten sind mir die Zeitungen, die Dieter und mich gleich alt machen. So etwas liest man als Frau immer gerne. Vor allen Dingen, wenn man zwei Jahre älter ist. Manchmal ist es aber wirklich ärgerlich, wenn man sieht wie jemand kämpft und alles probiert, um den Telemark richtig hinzubringen und dann schreibt irgendwer: „Thoma soll üben, statt lamentieren." Demjenigen rufe ich zu: „Erst hinsehen, dann schreiben." Manchmal wissen diese Leute offenbar nicht, was sie mit Headlines wie „Thoma springt wie eine gefüllte Weihnachtsgans" anrichten. Traurig war die Situation als Hanni (Sven Hannawald) sehr weit sprang und eine Zeitung schrieb, daß ein Zerwürfnis zwischen Dieter und ihm nur noch eine Frage der Zeit sein könne. Dieter und Hanni haben diesen Artikel gemeinsam gelesen und sich an den Kopf gefaßt. Die beiden sind Freunde und haben Tiefs hinter sich gebracht, an denen andere Freundschaften längst zerbrochen wären. Ich bin sicher, daß sie auch die Hochs meistern!

Manuela Thoma

Kapitel 8

Bei einer Pressekonferenz in der Nähe
von München lernten sich die
Journalistin und der Skispringer kennen.
Dann telefonierten sie sechs Stunden am
Stück. Der erste gemeinsame Urlaub in
der Dominikanischen Republik wurde
durch Kakerlaken gestört.
Bei der Hochzeit war Dieter blaß wie
selten, und bei der Fahrt ins Kranken-
haus zu Nickis Geburt ging Dieters
Sportwagen das Benzin aus.

Die Thomas
ganz Privat

Wie alles begann...

Dieters unverschämter Flirt vom Podium - Von Manuela Thoma

Es war Donnerstag, der 26. November 1992, und meine Laune würde ich mit jenseits des kritischen Punktes bezeichnen. Ausnahmsweise und gleichzeitig zum ersten wie letzten Mal war ich für eine Werbeagentur in der Sponsorenbetreuung tätig. In Planegg bei München war die Einkleidung der Nordischen-WM-Teilnehmer angesagt. Es war vormittags und - wie gesagt - man hat mich schon fröhlicher gesehen. Wegen eines erst kürzlich beendeten partnerschaftlichen Debakels stand mir der Sinn in keinster Weise nach jedweder Form von Kontaktaufnahme. Dementsprechend begegnete ich dem ersten Zusammentreffen mit Dieter wie die erste A-Klasse dem Elchtest - es hat mich umgehauen. Der Raum war voll mit Vertretern sämtlicher Rundfunk-, Fernseh- und Zeitungsredaktionen, einigen Sponsoren und vielen Sportlern, von denen mir ein mehr oder minder bekanntes Gesicht voller Sommersprossen gegenüber saß. Sein Name war mir ein Begriff, und ich wußte auch einigermaßen, in welche Richtung des Wintersports ich ihn zu stecken hatte. Aber das war's auch schon. Im Verlauf der Pressekonferenz jedoch vermochte es dieser rothaarige junge Mann mit dem unverschämten Grinsen doch tatsächlich, mich bis an die Grenze nahezu peinlicher Nervosität zu treiben. Offensichtlich machte es ihm Spaß, sich mit seinem Kollegen Kiesewetter und Trainer Tusch so unübersehbar über mich zu unterhalten, daß ich mir wie eine Dreizehnjährige auf Klassenfahrt vorkam. Da ich Dieter bis dato nur sitzend, oder im Fernsehen gesehen hatte, dachte ich mir: „Um Himmelswillen, der ist doch höchstens 17 Jahre alt und vielleicht 1,68 cm groß. Wo nimmt der bloß das Selbstbewußtsein für diese unverschämten Flirtversuche her?"

Wie sehr ich mich in Größe und Alter verschätzt habe, fand ich dann nach der Pressekonferenz heraus. Während ich draußen auf den Rest der Werbekollegen wartete, kam - oh wer hätte damit gerechnet - Dieter zu mir. Ich stellte fest: Er ist so groß wie ich, er ist durchaus kein Kind mehr und - er ist unbeschreiblich nett. Er erzählte mir von sich, seinem Sport und davon, daß er demnächst nach Norwegen fliegen würde. Ich gab ihm, entgegen meiner Gewohnheit, meine Adresse und bat ihn, mir von dort eine Postkarte zu schreiben. Eine Woche später klingelte bei mir irgendwann am Nachmittag das Telefon, Dieter war dran. „Uups", da habe ich wohl aus Versehen meine Telefonnummer zur Adresse geschrieben. Wir sprachen über Gott und die Welt, über unsere Familien, unser Leben, unsere Berufe und alles, worüber man sonst noch reden kann – und das sechs Stunden am Stück. Als ich gegen 23.30 Uhr den Hörer auflegte, brannte mein Ohr und ich hatte Schmetterlinge im Bauch. Bereits am nächsten Morgen telefonierten wir schon wieder, Dieter war auf dem Weg zum Münchner Flughafen und rief mich von unterwegs an. Am Abend meldete ich mich bei ihm in Norwegen. Und so ist es auch heute noch, nach mehr als fünf Jahren. Wir telefonieren jeden Tag, an dem Dieter nicht zu Hause ist. Bis uns die Ohren brennen und die Schmetterlinge im Bauch zu Rundflügen starten.

Seit fünf Jahren ein Paar: Dieter und Manuela.

Flucht an einen einsamen Strand

Der erste, nicht ganz ungestörte Urlaub - Von Manuela Thoma

Die Saison 1992/93 verlief für Dieter alles andere als erfreulich. Es stellte sich ausgerechnet während der WM in Falun kein noch so klitzekleines Erfolgserlebnis ein. Es wurde wie schon so häufig getitelt: „Thoma springt wie eine gefüllte Weihnachtsgans" oder „Thoma, das Suppenhuhn". Schließlich kam es soweit, daß Dieter aufgrund angeblicher mangelnder Leistungsbereitschaft der Mannschaft verwiesen und nach Hause geschickt wurde.

Es war ziemlich schrecklich für ihn zu sehen, daß einige Leute, die hinter ihm zu stehen schienen, nur darauf gewartet hatten, ihm in den Rücken fallen zu können. Ich holte Dieter am Flughafen in München ab und wir fuhren in meine Wohnung nach Nürnberg. Dies war die einzige Möglichkeit, den Geiern, die wartend über Hinterzarten kreisten, aus dem Wege zu gehen.

Da meine Zweizimmerwohnung für unsere immense Weltuntergangsstimmung nun doch deutlich zu klein war, entschlossen wir uns spontan, in Urlaub zu fahren. Wir wollten möglichst weit fort, und zwar dahin, wo niemanden Skispringen interessiert und wo Dieter möglichst nicht gleich erkannt wurde. Das hieß: Deutschland ade.

Dummerweise waren wir überhaupt nicht informiert, daß unser Reiseziel, die Dominikanische Republik, nahezu in deutscher Hand war. So kam es, wie es kommen mußte. Blaues Meer, weißer Sand und weit und breit kein Mensch... Wir machten es uns am Strand bequem, genossen die Ruhe.

Nach nicht einmal einer halben Stunde trabte eine noch recht blasse Gestalt in bunten Bermudashorts aus dem Hinterhalt der Palmen auf uns zu, ließ sich auf unserer Decke nieder und meinte: „Gell, Sie sind doch der Dieter Thoma, oder nicht? Ich beobachte Sie schon eine ganze Weile." Das war's, die Urlaubsstimmung war dahin. Zumal sich der Bermudabehoste Geselle als äußerst redselig herausstellte, und in kürzester Zeit die gesamte Hotelanlage wußte, daß der Skispringer Dieter Thoma hier urlaubte („was macht der denn hier, es ist doch noch Winter???"). Jeder Versuch, Tennis zu spielen, wurde entsprechend kommentiert („der sollte besser beim Skispringen bleiben"), und die Mahlzeiten wurden mit interessierten Blicken und der Frage begleitet: „Darf ein Sportler denn sowas essen?" Der Rückzug auf unser Zimmer fiel uns meist schwer, da wir dort neben vielen eine Kakerlake gesichtet hatten, deren Größe nur den Schluß zuließ, für uns Drei sei das Zimmer wohl zu klein. Nach zwei Wochen traten wir die Heimreise an.

Bei allem Generve hatte der Urlaub aber doch etwas sehr Schönes. Wir lernten ein junges Paar aus Hamburg kennen, und obwohl wir uns seither nicht mehr gesehen haben, telefonieren wir noch regelmäßig, schreiben uns und bezeichnen sie noch heute als unsere ersten gemeinsamen Freunde.

Irren ist menschlich

Nach unserer offiziellen Verlobung im Februar '95 schrieb eine Zeitung: „Letzten Samstag gab Dieter Thoma seine Verlobung mit Manuela Adofo (siehe Bild) bekannt. Auf dem Bild war Duffi (Christof Duffner) zu sehen. Irren ist menschlich.

Ein Jahr Planung für die Hochzeit

Erinnerungen an den wichtigsten Tag im Leben - Von Manuela Thoma

Die Planung unserer Hochzeit lag voll und ganz in meinen Händen und in Dieters Ohren. Noch heute frage ich mich, wie er die einjährige Planungszeit an meiner doch meist sehr aufgeregten Seite überstanden hat. Kein Tag verging, ohne daß er mit Brautkleid-Katalogen, Menükartenvorschlägen und Tagesablaufplänen konfrontiert wurde. Der Einzige, der ihn wirklich verstand, war Kai, der Verlobte meiner kleinen Schwester Angela. Kai saß nämlich im selben Boot; seines fuhr lediglich drei Monate früher in den Hafen der Ehe ein. Und so stieg unsere Telefonrechnung erneut ins Unermeßliche, denn ich mußte ständig mit meiner Schwester telefonieren, um Neuigkeiten auszutauschen, und Dieter und Kai telefonierten, um sich gegenseitig Mut zu machen, daß sie in einigen Monaten wieder ihre Ruhe haben würden. Es war für Dieter und mich nicht unbedingt leicht, allen Ratschlägen, Änderungswünschen, Anweisungen und Ansprüchen von außen gerecht zu werden. Letztlich setzten wir uns über nahezu

Das offizielle Hochzeitsfoto - vorher noch nie veröffentlicht.

153

alle Einflüsse hinweg und freuen uns auf unseren großen Tag. Ein großes Problem bestand jedoch darin, wer wann wozu eingeladen werden sollte.

überhaupt dabei gewesen sind. Die Nacht vor unserer Hochzeit verbrachten Dieter und ich allein oder vielmehr getrennt. Während Dieter mit seinem

Wichtiger Akt: der Anschnitt der Hochzeitstorte.

Ein Hochzeitsfest mit allen Verwandten und Freunden hätte jeden Rahmen gesprengt. Dementsprechend entschlossen wir uns dazu, drei Tage vor der Hochzeit einen Polterabend im Kurhaus auszurichten, zu dem jeder, der wollte, kommen konnte. So war's dann auch. Unter unseren mehr als 500 Gästen fanden sich etliche Kurgäste, Schüler vom Birklehof und viele uns mehr oder minder unbekannte Gesichter, die trotzdem herzlich willkommen waren. Manchmal sprechen uns immer noch Leute an, wie toll der Abend gewesen sei. Häufig müssen wir uns später eingestehen, gar nicht gewußt zu haben, daß diese Gäste

nunmehr verheirateten Schwager Kai in unserer Wohnung in Kirchzarten nächtigte und einen kleinen geselligen Junggesellenabend plante, zog ich mich zu unseren Freunden - der Familie Herrmann - nach Breitnau ins Gasthaus Löwen zurück. Dort verbrachte ich einen eher nervösen als geselligen Abend mit meiner kleinen Schwester.
Der große Tag begann für mich mit einem Besuch bei meinem Friseur in Kirchzarten. Dort empfing man mich und meine Schwester mit einem Glas Sekt und der Geschichte, daß in der vergangenen Nacht gegen drei Uhr eine kleine Horde junger Männer recht feucht-

fröhlich in der Nähe des Giersberges gesichtet worden sei, und ob ich mir vorstellen könne, wer das wohl war. Ich konnte es mir vorstellen und dachte mir nur: „Komm eine Minute zu spät zum Standesamt und ich drehe dir den Hals um." Wieder zurück im Hotel wuchs die Nervosität weiter. Um 10.30 Uhr wollten wir im Hinterzartener Standesamt sein. Entsprechend vorher wollten Kai und Dieter meine Schwester und mich abholen. Und sie kamen pünktlich. Die Zeremonie

Bundestrainer Heß (links) - der Brautführer.

ten wir uns bei über 30 Grad im Schatten über psychologische Tricks beim Skispringen.
Die kirchliche Trauung bei Pfarrer Franz

im Standesamt wurde von unserem Bürgermeister Hansjörg Eckert durchgeführt; aber das ist bereits alles, was ich mitgekriegt habe, denn vor lauter Aufregung ist alles an mir vorbeigerauscht. Um 15.30 Uhr war dann die kirchliche Trauung angesagt. In dem Maße, wie bei mir im Laufe der Zeit die Aufregung nachließ, schien sie sich bei Dieter breit zu machen. Sein Auftritt in der Kirchzartener Galluskirche bereitete ihm offensichtlich mehr Magendrücken, als ein Sprung von einer Skiflugschanze bei Föhnsturm. So bleich wie in der Kirche habe ich Dieter jedenfalls vorher und nachher nie mehr gesehen.

Mit Reinhard Heß, meinem Brautführer und Dieters Cheftrainer, fuhr ich von Breitnau nach Kirchzarten. Da wir ein bißchen zu früh dran waren, machten wir einen kleinen Zwischenstop am Bahnhof in Himmelreich. Dort unterhiel-

Kern war wunderschön, obschon sie doch etwas länger dauerte, als eigentlich geplant. An manchen Stellen hätte man fast meinen können, die Hochzeit würde von einem Tempo- oder Softie-Taschentücherunternehmer gesponsert, ständig schniefte irgendwer, vor allen Dingen ich. Die Kirche war reichlich voll, denn ich hatte ausdrücklich alle meine Bekannten aus dem Kirchzartener Altersheim eingeladen. So konnte ich mich über viele fröhliche Gesichter von Pflegern, sowie alten Damen und Herren freuen, die zu Fuß oder im Rollstuhl zur Hochzeit gekommen waren und sich sichtlich mit uns freuten.
Im Anschluß an die Trauung fuhren wir in einem Autokorso nach Titisee. Dieter hatte nun endlich wieder Farbe im Gesicht, so daß wir nach einer Kahnfahrt auf dem See richtig ausgiebig und ausgelassen feiern konnten.

Nickis Geburt

Auf dem Weg in die Klinik: Stau und kein Benzin - Von Manuela Thoma

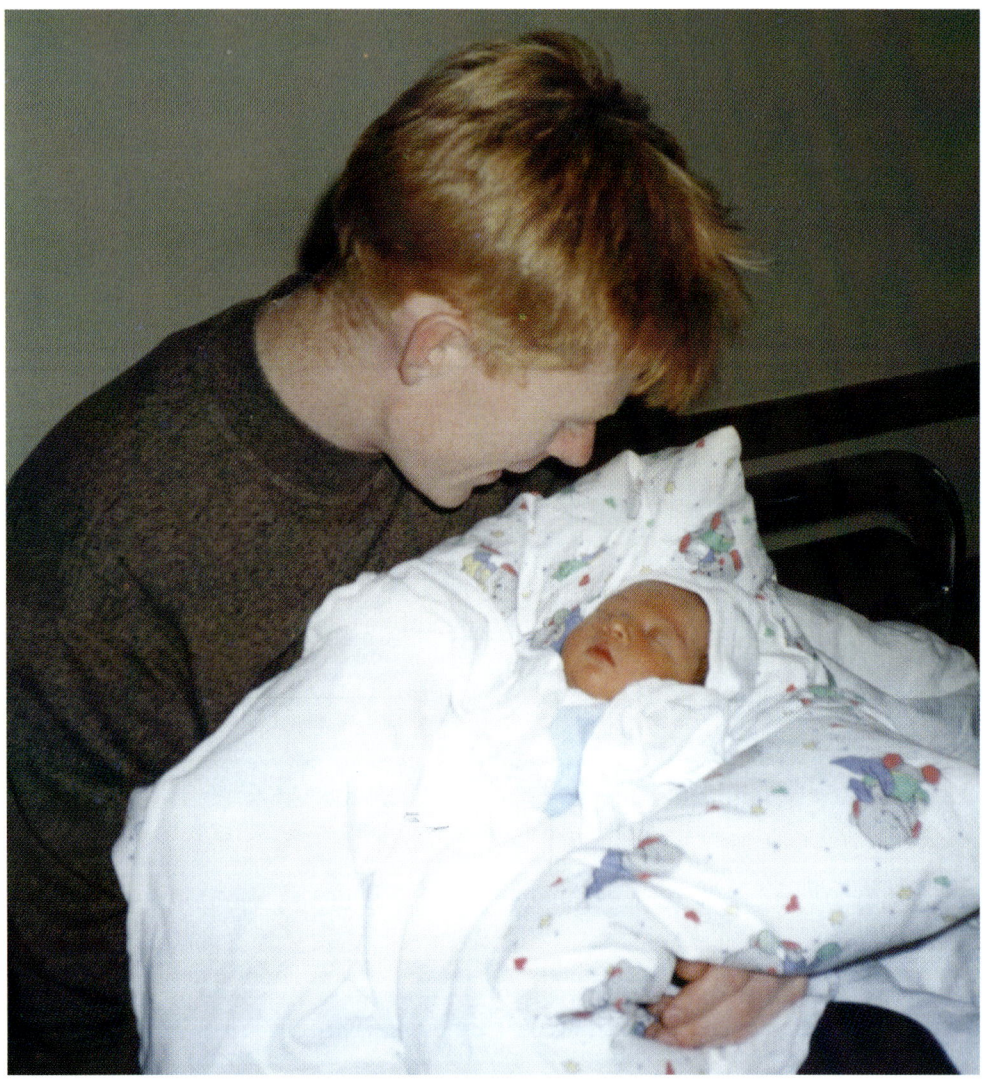

Der Sohnemann ist da - der stolze Vater begutachtet liebevoll den Stammhalter.

Nickis errechneter Geburtstermin war der 7. Oktober 1996, aber es war ziemlich offensichtlich, daß er nicht mehr so lange warten wollte. Bereits am 2. September fuhren wir abends wegen blinden Alarms in die Klinik nach Freiburg. Während ich dort im Kreißsaal auf und ab marschierte, lag Dieter im Kreißbett und schlief, offensichtlich ahnte er bereits, daß nicht mehr viel passieren würde. Nach vier Stunden stellten wir fest, daß Nicki nun wohl doch noch keine Lust aufs Licht dieser Welt hatte - wir fuhren wieder nach Hause. Zehn Tage später war es dann soweit. Um 18 Uhr machten wir uns auf den

Weg ins Josefskrankenhaus nach Freiburg. Ich wollte unbedingt dort entbinden, weil es dort eine ausgezeichnete Neugeborenen-Abteilung gibt, in der man jederzeit auf eventuelle Notfälle vorbereitet ist. Der Weg dorthin verlief wie im Film. Erst kam es durch einen Unfall zu einem Stau im Höllental, dann hatte Dieters Auto kein Benzin mehr, wir mußten tanken und zu guter Letzt kam ich kaum aus Dieters irrsinnig flachem Sportwagen heraus, da ich mehr als 32 Kilogramm in der Schwangerschaft zugenommen hatte. Drei Stunden später war Nicki auf der Welt. Für Dieter waren es die drei härtesten Stunden seines Lebens, so sagt er, aber er würde sie nicht missen wollen. In dieser Nacht nahm Dieter drei Kilo ab, obwohl ich es war, die das Kind bekommen hat.

Kein Benzin im Sportwagen...

Mama und Nicki.

In diesem
Ferienhotel werden
Sie sich besonders
wohlfühlen!

Hotel
Kaiser's Tanne-
Wirtshus

★ ★ ★ ★

Familie Kienzler
Am Wirbstein 27
79874 Breitnau
Telefon: 07652/12010
Fax: 07652/1507

Kapitel 9

*Blättern auch Sie hin und wieder gerne
in Fotoalben guter Bekannter?
Bitteschön. Auf den nächsten Seiten
öffnen Manuela und Dieter Thoma
ihr ganz privates Album für Sie.
Weiter: Ein Gespräch mit dem
Silbermedaillengewinner von Nagano.
Außerdem: Dieter Thoma - von A bis Z.*

Fotos und
Fragen von A-Z

Ein Blick ins ganz private Foto-Album der Thomas. In der „Skihütte Thoma" (großes Foto) seiner Eltern verbrachte er viele Stunden seines Lebens, sie war sein zweites zu Hause; im Haus Sonneck (unten) wuchs er auf. Und wurde von Mutter Inge verwöhnt. Schnappschüsse aus Dieter Thomas Kindheit...

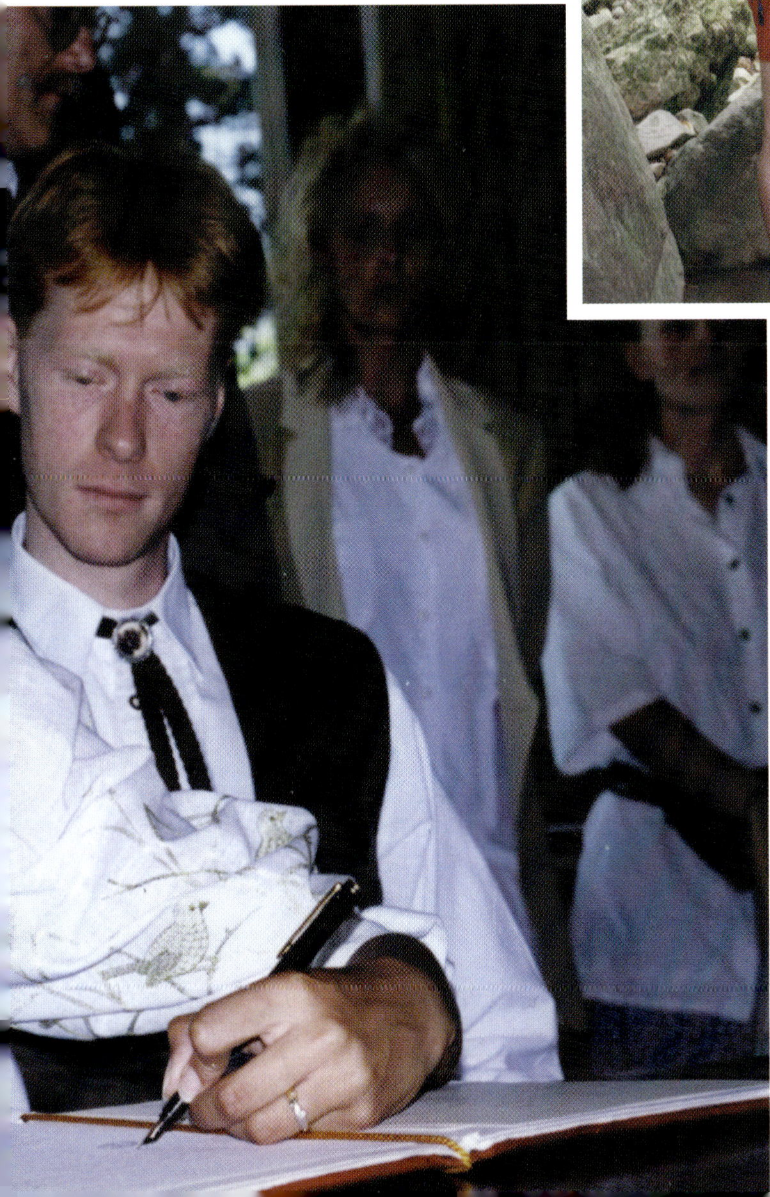

Fotoalbum, Teil zwei: Eine Unterschrift mit Folgen - und unbeschwerte Stunden zusammen. In den Flitterwochen im Disney-Land (Paris), im Urlaub auf St. Lucia und beim Tauchen auf den Malediven. Doch auch zu Hause, mit Nicolas-Maximilian im Arm, fühlt sich der Papa wohl.

Dieter Thoma mit
altertümlicher Skiausrüstung. Der Schwarzwälder
ist immer für einen Spaß zu haben.

Die Familie vereint:
das Lieblingsbild der Thomas,
aufgenommen von
Rainer Scheran, Hamburg.

Auch im Sommer - die Ski sind dabei.

„Boris ist für mich der Größte"

Ein offenes Gespräch mit Dieter Thoma

Üben Sie als Skispringer einen Traumberuf aus?
Ja, aber Traum und Alptraum liegen manchmal recht nah beieinander.

Wollten Sie schon immer Skispringer werden?
Ich habe nie darüber nachgedacht, ich war es einfach.

Im Gespräch mit Formel-1-Pilot Heinz-Harald Frentzen.

Welchen Beruf haben Sie erlernt?
Kaufmann im Einzelhandel mit Abschluß, Versicherungsfachmann, allerdings ohne.

Welchen Beruf wollen Sie nach Beendigung Ihrer Springerkarriere ausüben?
Mit zwei Partnern habe ich eine Vertriebsagentur für Computer im High-End-Bereich gegründet. Dort werde ich dann vermutlich voll einsteigen.

Wie beurteilen Sie den Stellenwert des Skispringens?
In den Medien sprechen ja die Zuschau-

erzahlen für sich und die sind immens hoch.

Welche Sportkollegen/innen schätzen Sie und warum?
Boris Becker ist und bleibt für mich der Größte, aber auch Heinz-Harald Frenzen mag ich sehr, denn der ist mit beiden Beinen auf dem Boden geblieben und ein total sympathischer, netter Kerl. Auch Esther Weber-Krantz, die Fechterin im Rollstuhl, finde ich klasse. Von ihrer Motivation können sich viele Sportler eine große Scheibe abschneiden.

Welche Sportart üben Sie sonst noch aus?
Tauchen, Tennis.

Wie schalten Sie vom Berufsalltag ab?
Ich spiele mit meinem Sohn, dann ist alles andere nur noch unwichtig.

Welches Traumurlaubsziel haben Sie?
Australien, vor allen Dingen das Great Barrier Reef reizt mich sehr.

Wie lautet Ihre Lebensmaxime?
Wenn man gesund ist hat man viele Wünsche, wenn man krank ist nur einen.

Was ahnen Sie für die Zukunft?
Ahnen wenig, hoffen aber das Beste. Schon allein für Nicki.

Wie wichtig sind Freundschaften für Sie?
Sehr wichtig. Ich habe nur wenige Freunde, aber auf die kann ich mich 100% verlassen und andersherum. Meine Frau und Hanni sind meine besten Freunde.

Wie gehen Sie mit den Erfolgen von Sven Hannawald um?
Wir feiern sie.

Wie wichtig ist Ihnen Geld?
Schon wichtig, man kann sich viele Wünsche damit erfüllen, aber nicht alle (siehe Lebensmaxime).

Wie kann man das hohe Risiko, das Sie beim Skispringen eingehen, versicherungstechnisch abdecken?
Nur selten ausreichend, aber eine Lebensversicherung habe ich trotzdem.

Was würden Sie spontan als Ihre stärkste Eigenschaft bezeichnen?
Ich bin sehr ehrgeizig und zielstrebig (meine Frau nennt es Schwarzwälder Dickschädel).

Was fällt Ihnen ein, wenn Sie an Ihren ersten Sprung denken?
Daran kann ich mich gar nicht mehr erinnern, ich war ja gerade mal fünf Jahre alt.

Wofür hassen Sie sich am meisten?
Daß ich gerade eine Frage beantworte, die ich nicht mag.

Wann waren Sie zuletzt im Kino und in welchem Film?
Oktober '97, Man In Black, klasse.

Welcher Film würde Sie am meisten interessieren?
Der erste selbstproduzierte Werbespot.

Haben Sie auch Laster?
Ich hatte acht Laster – von Matchbox, aber die gehören jetzt meinem Sohn.

Wo haben Sie Ihre Frau kennengelernt?
Bei einer Pressekonferenz in Planegg bei München.

Was spielen Sie am liebsten mit Nicki?
Alles, der Kleine ist das tollste Abenteuer meines Lebens.

Was ist Ihr Leibgericht?
Spaghetti mit Basilikum-Schinken-Sahne-Soße von meiner Frau.

Gehen Sie auch mal in die Disco?
Wir Springer gehen manchmal auf Lehrgängen aus. Manchmal auch in Discos.

Gehen Sie als Zuschauer auch mal zu anderen Sportveranstaltungen?
Ja, aber zeit- und kartenbedingt meist recht selten. Ich war leider erst bei einem Spiel des SC Freiburg und das hat mir sehr gefallen, aber das Größte war das letzte Rennen am Nürburgring (leider konnten wir nur beim Qualifying dabei sein).

Wie denken Sie über die Art und Weise der Berichterstattung über Sie?
Kritik ist wichtig, aber manche Journalisten meinen, man müßte persönlich und beleidigend werden. Unausstehlich.

Wie lautet die Frage, über die Sie sich in letzter Zeit am meisten geärgert haben?
Wieso haben Sie heute nicht gewonnen?

Welche Frage wollten Sie immer schon mal beantworten?
Keine!

Und Ihre Antwort darauf?
Keine!

Was hat Sie zuletzt bewegt?
Mein Auto. Nein, ohne Blödsinn: Die

Geburt von Nicolas-Maximilian war das Bewegendste, was ich je erlebt habe. In dieser Nacht habe ich auch sehr viel mehr Respekt vor Frauen bekommen als je zuvor.

Wenn überhaupt - mit welcher Persönlichkeit würden Sie gerne tauschen?
Mit keiner!

Welche Musikrichtung bevorzugen Sie?
Alles was so im Radio zur Zeit läuft, manchmal auch Rock oder Klassik, aber niemals Jazz.

nach Hinterzarten zum Skifahren kommen, ist doch klar.

Welches Buch lesen Sie gerade?
Im Moment keines, aus Zeitmangel. Das letzte Buch, das ich gelesen habe, war das „Stillbuch", Manu hatte mich darum gebeten.

Was war die wichtigste Entscheidung in Ihrer Skispringerkarriere?
Da gab es viele! Aber die Wichtigste war die Entscheidung, nach großen Niederlagen weiterzumachen.

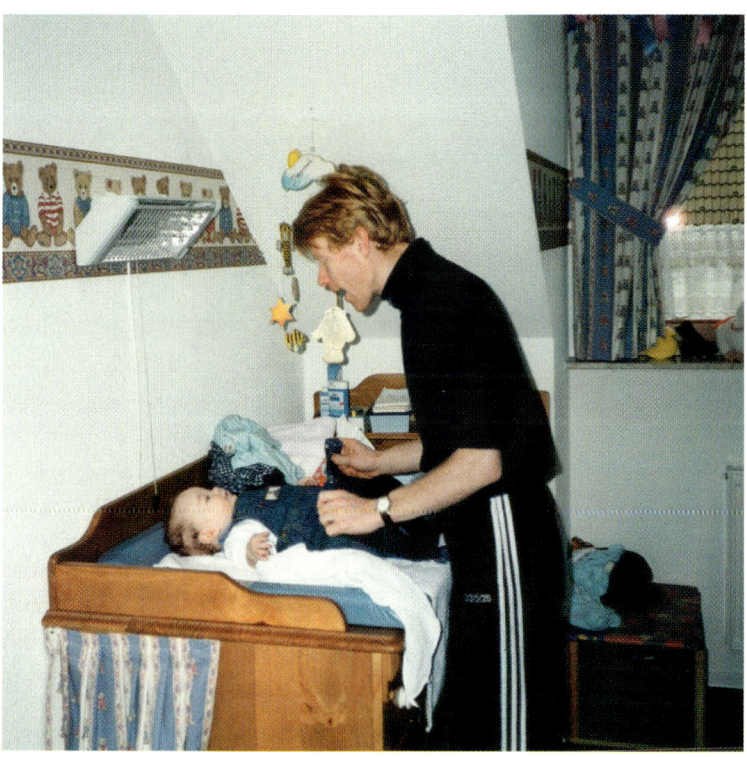

Ihr schönstes Erlebnis – nicht nur beim Springen?
Das erste „Papa" von Nicki. (Übrigens viel eher als das erste „Mama")

Ihr schlimmstes Erlebnis in Ihrer Skisprungkarriere?
Mein Sturz in Liberec.

Welchen guten Vorsatz halten Sie nie durch?
Meiner Frau häufiger mal Blumen mitzubringen.

Nicki - Papas Liebling.

Würden Sie in einen Wintersportort in Urlaub fahren?
Jedes Jahr im Oktober fahren Manuela und ich zur Familie Thayer nach Kaprun. Das Skigebiet Kitzsteinhorn ist einfach klasse und ziemlich schneesicher. Wenn ich woanders wohnen würde, würde ich im Winter jedoch am liebsten

Ihre Lieblingsbeschäftigung an einem Ihrer wenigen freien Tage?
Mit Nicki spielen oder mit Hanni unsere Flugzeugmodelle fliegen lassen.

Was gefällt Ihnen an Hinterzarten am meisten?
Hinterzarten ist mein Zuhause.

Von A bis Z

Dieter Thoma über Charakter, Jazz, Sponsoren und, und, und...

Arbeit: Ist der Ursprung allen Erfolgs, aber keine Garantie.

Berufliche Sicherheit: Ist nach dem Sport mehr als wichtig. Es gibt viele Sportler, die nach ihrer Laufbahn in ein tiefes Loch fallen. Das möchte ich verhindern (siehe U wie UNLIMITED).

Charakter: Ist für mich die innere Schönheit eines jeden Menschen und wichtiger als die äußere (die aber auch interessant ist).

Druckausgleich: Ist bei meinem Lieblingshobby Tauchen unbedingt notwendig.

Englisch: War früher mein Horrorfach in der Schule, bis ich mit 16 Jahren zur Junioren-WM nach Lake Placid gefahren bin. In den Vereinigten Staaten mußte ich dann feststellen, daß ich ohne Englisch nicht sehr weit komme.

Familie: Meine Familie bietet mir Rückhalt und Schutz, in guten, wie in schlechten Tagen.

G-Punkt, nicht zu verwechseln mit dem K-Punkt.

Haltungsnoten: Sind wichtig, aber der Stellenwert ist zu hoch im Vergleich zur Weite. Die Funktionäre sollten schnell und intensiv darüber nachdenken.

Interessant: Sind für mich alle unerklärlichen Phänomene und alles, was damit zu tun hat.

Jazz: Ist eine der wenigen Stilrichtungen in der Musik, die ich nicht ausstehen kann.

Kindheit: War schön, aber immer vom Sport geprägt.

Lausbub: Gäste unseres Gasthauses Skihütte Thoma erzählen Geschichten von mir, die ich gar nicht glauben kann. Ich war doch immer so lieb, oder???

Manuela: Meine Frau und Mutter meines Sohnes. Ich kann mir keine bessere Ehefrau und Mutter vorstellen.

Notlandung: Derzeit meine große Schwäche.

OP: Der Operationssaal ist schon mein zweites Zuhause. Sechsmal Knie, zweimal Oberschenkel, einmal Mandeln.

Preisgeld: Auf dem Weg nach oben. Trotzdem könnte ich ohne meine Sponsoren diesen Sport nicht ausüben.

Qual: Das Sommertraining ist manchmal eine richtige Qual. Oft hat man keine Lust mehr. Man muß sich immer wieder neu motivieren.

Rebecca: Manuelas Freundin und Nickis Kindermädchen, witzig, hübsch, spontan und unersetzbar.

Sven: „Hanni" Sven Hannawald, manchmal „kleiner Bruder", manchmal großer Kritiker, immer bester Freund, ebenfalls unersetzbar.

160 Tage im Jahr getrennt: Manuela und Dieter Thoma.

Träume: Habe ich viele und das ist auch gut so.

UNLIMITED: So heißt das Unternehmen, das ich mit zwei Partnern in Freiburg gegründet habe. Wir vertreiben High-End-Produkte im Computer- und Animations-Bereich.

Vater: War der wichtigste Wegbegleiter in meiner Laufbahn.

Wunder: Das größte Wunder, das ich je erlebt habe, war die Geburt unseres Sohnes Nicolas-Maximilian.

X-trem: 160 Tage im Jahr bin ich unterwegs und von meiner jungen Familie getrennt. Das bringt mein Beruf eben so mit sich.

Y-Koordinaten: Brauche ich, um bei einer Computeranimation zusammen mit den X- und Z-Koordinaten einen Körper im Raum plazieren zu können.

Zuverlässigkeit: Ein Charakterzug den ich ganz besonders schätze (siehe auch Manuela, Rebecca, Sven, Vater).

173

Kapitel 10

Für Dieter Thoma ist Heimat kein abstrakter Begriff, sondern ein Wort mit Inhalt. Als Junge rannte er in Hinterzarten über Stock und Stein, als Mann baute er sich dort sein Haus. Und Hansjörg Eckert, der Bürgermeister dieses wunderschönen Schwarzwaldortes, weiß, was er seinem Sportstar zu verdanken hat: Nach Georg hat vor allem Dieter Thoma diese Gemeinde in der Welt bekannt gemacht.

Hinterzarten
Heimat
und Haus

Die Erfüllung eines Traumes

Dieter Thoma im Kreise von Manuela und Nicki zu Hause

"Daheim bin ich immer willkommen", so lautet ein von Dieter Thoma in den letzten Jahren oft gesprochener Satz. Im Dezember 1995 hatte der Team-Olympiasieger mit Ehefrau Manuela und Söhnchen Nicolas-Maximilian sein neues Heim am Hinterzartener „Rößleberg" bezogen. Ein

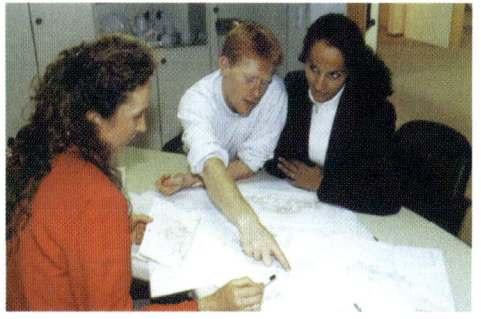

Am Anfang war die Planung: Manuela und Dieter Thoma mit den Fachleuten von WeberHaus.

Traum wurde wahr. Einmal so typisch amerikanisch zu leben, im eigenem Haus, mit einer eigenen Familie. Die Gemeinde hatte dem - neben Onkel Georg - „berühmtesten Sohn" mit einem Grundstück den Grundstock dafür gelegt. Bereits 1990, als er völlig überraschend in Vikersund Skiflugweltmeister geworden war, hatte es hierfür den ersten Baustein gegeben. Weitere folgten durch die Erfolge in den Jahren danach.

Während andere Spitzensportler zunehmend ihren Wohnsitz ins Ausland verlegen, blieb Deutschlands erfolgreichster aktiver Skispringer seinem Heimatort treu. „Ich kann mir wirklich nicht vorstellen, wegen der Steuer oder solchen Dingen Deutschland zu verlassen", sagte er noch wenige Tage vor dem Abflug zu den Olympischen Spielen nach Nagano. Dieter Thoma - und das ehrt ihn - ist eben heimatverbunden.

Für ihn war schon in jungen Jahren klar, daß er selbst einmal eine große Familie gründen wollte. „Ich bin auch eines von fünf Kindern. Da war immer was los, man war nie allein, das war als Kind unheimlich schön", erinnert er sich. Verständlich, daß sich der ehrgeizige Skispringer nun selbst einen großen Kindersegen wünscht.

Nun, einfach jemanden zu heiraten, den man nur am Wochenende trifft, dies wollte Dieter Thoma nicht. Die Liebesbeziehung zu seiner heutigen Ehefrau Manuela brachte die „Abnabelung" vom Elternhaus mit sich. Der Skispringer zog für geraume Zeit von Hinterzarten nach Kirchzarten ins Tal hinunter. „Ich wollte einen anderen Weg gehen und sehen, wie es ist, wenn man außerhalb des Elternhauses lebt." Eigentlich hatte er gar keinen Grund, 1993 von daheim wegzuziehen, hatte er doch gerade in Franz Thoma, seinem Vater, einen Heimtrainer par excellence in Sachen Konditionsarbeit und einen Manager für das Finanzielle immer greifbar in der Nähe.

Gar nicht viel erzählt hatte Thoma junior seinen Eltern vom geplanten Einzug in die fortan gemeinsame Wohnung mit Freundin Manuela Adofo in Kirchzarten. „Ich hatte einfach immer mehr

Das WeberHaus im Sommer am Rößleberg in Hinterzarten.

Sachen mit nach Kirchzarten genommen und dann hat es meine Mutter irgendwann einmal gespannt", erzählt er heute mit einem spitzbübischen Lächeln im Gesicht. Gerade im Sommer, wenn es in Kirchzarten zuweilen ganz schön heiß sein kann, zog es Dieter Thoma jedoch wieder in die Kühle des Hochschwarzwalds. Zum gemeinsamen Training mit Vater Franz. Fast täglich schaute er außerhalb der Übungseinheiten, wenn auch nur mal auf eine Tasse Kaffee, im Elternhaus vorbei. „Es gab überhaupt nur eine kurze Phase, in der wir uns nicht so gut verstanden haben", blickt der Mannschaftsolympiasieger und Bronzemedaillengewinner von Lillehammer zurück.

In Hinterzarten ist der gelernte Einzelhandelskaufmann aufgewachsen, und dort fühlt er sich wohl. Doch Dieter Thoma könnte es sich vorstellen, auch irgendwo anders zu leben. Viele schöne Flecken der Erde hat der Weltenbummler in Sachen Sport kennengelernt. Und gerade im Urlaub trafen die Thomas „unheimlich nette Leute, die aber leider nicht aus der Gegend sind".

Dieter Thoma ist viel unterwegs, und schon deshalb ist es schwierig, richtige Freunde zu finden und den Kontakt aufrecht zu erhalten. Gerade in der Zeit, als der Schwarzwälder Adler „sportlich am Boden und körperlich angeschlagen war", hatte sich in punkto Freunde „die Spreu vom Weizen getrennt". Denn bei Siegen ist eh' alles in Ordnung. „Die meisten echten Freunde habe ich erst kennengelernt, als es mir schlecht ging und diese mir Hilfe angeboten haben."

Etwa die Hälfte des Jahres tingeln die Skispringer von Wettkampfort zu Wettkampfort. Da bleiben Freundschaften auf der Strecke. Umso lieber plaudert

Thoma, wenn er mal wieder in der Heimat ist, mit Kumpels aus gemeinsamer Wettkampfzeit. Mit Stefan Dinger, dem früheren Kombinierer, tauscht er sich aus, wann immer sie sich sehen.

In Hinterzarten, seinem Wohnort, Adlerschanze. Dieter Thoma versucht jedoch nicht nur, auf den Bakken dieser Welt ein Perfektionist zu sein. Auch in den heimischen vier Wänden muß alles stimmen. Ehefrau Manuela entwarf die Außenskizze für das neue Heim. Ge-

Entspannung nach dem Wettkampfstreß im gemütlichen Wohnzimmer am Kamin.

möchte Dieter Thoma sein dürfen, wie jeder andere Bürger auch: „Da gehe ich ganz normal zum Bäcker und Metzger einkaufen. Alle, die mich dort treffen, merken dann, daß ich nicht wirklich abgehoben habe".

Gerade in der Abgeschiedenheit und Ruhe Hinterzartens tankt der Skispringer die Kraft für die nächsten Aufgaben. Skispringen, das ist der Beruf des Dieter Thoma. Vom Rößleberg aus genießt der Weitenjäger den Blick an die nächstliegende Arbeitsstelle: Die heimische

meinsam haben sich beide dann mit der Innenarchitektur auseinandergesetzt. „Binnen drei Tagen mußte dann alles ausgewählt sein, von den Fliesen, Tapeten, dem Putz bis hin zu den Türen", erinnert sich der Athlet zurück. Dann ging nach der Erstellung des massiven Kellers alles sehr schnell. In wenigen Wochen hatte Sponsor „WeberHaus" das neue, wunderschöne Heim der Thomas erstellt. „Gerade die Tatsache, daß hier das zu Hause meines Sohnes Nicolas-Maximilian steht, das ist schon etwas Besonders", sagt der Familienvater mit Stolz.

Längst haben sich die Thomas im neuen WeberHaus eingelebt, vorbei sind die Zeiten, als Dieter der Macht der Gewohnheit folgend, nach der Rückkehr vom Weltcup, falsch abbog und mit dem Auto instinktiv zu seinem Elternhaus düste. Im Keller steht mehr als ein Dutzend jener Bretter, die für Thoma die Welt bedeuten. Die Sprunglatten sind für den Hinterzartener Arbeitswerkzeug und Hobby zugleich.

„Das ist das Optimale. Früher gab es beim Skispringen wahrlich nicht viel zu verdienen. Und auch heute gibt es nur wenige in der Spitze, die durch unseren Sport wirklich ein einigermaßen gutes Einkommen haben", weiß der Vizeweltmeister von Trondheim den Arbeitsalltag richtig einzuschätzen. Die Sponsoren wollen Leistung sehen, „denn wenn ich ausfalle, hat der Geldgeber gar nichts davon". Die Beziehung zwischen Sportler und Sponsoren bezeichnet Thoma junior als „familiär", werden doch alle Verträge direkt durch Thoma senior, den Manager des Familienbetriebs Thoma, und nicht über Agenturen abgewickelt.

Oft genug hatten in der langen Laufbahn sportliche Tiefschläge, wie die vorzeitige Abreise von der Weltmeisterschaft 1993 in Falun oder das sechsmal operierte linke Knie bei Dieter Thoma Kopfzerbrechen und Schmerzen hervorgerufen.

Die Idee stammte von Franz Thoma, die fast zufällige Namensgleichheit mit dem Schmerzmittel „Thomapyrin" für Werbezwecke als Kopfsponsor zu nutzen. Denn auch für Skispringer gilt es, beim Wettkampf im Kopf klar zu sein. Gleichermaßen spontan wie werbewirksam wies Dieter Thoma nach seiner guten Plazierung bei der Skiflug-WM auf diesen Umstand vor Millionen Fernseh-

zuschauern hin - inzwischen ist er eben auch ein Medienprofi geworden. „Der Sponsor muß schon passen. Für jeden, beispielsweise für ein Waschmittel, würde ich nicht werben", da sieht der Hinterzartener keinen Zusammenhang zu sich

Wohlfühlen ist wichtig: für die Eltern in der Küche, für Nicki in der von Mama selbstgefertigten Wiege.

und dem Sport. Und auch das zwar lukrative, jedoch verfängliche Angebot einer Firma, die Massageroller für den Rücken vertreibt, war nichts für ihn: „Da hätte ich bei jedem Interview sagen müssen, daß die Erfolge nur auf das Massagegerät zurückzuführen sind. Diesen Vertragsentwurf hat mein Vater damals vor den Augen des Firmenvertreters zerrissen".

Drei Skilifte direkt vor der Haustüre, da gab es für den jüngsten Sprößling der Thomas nichts anderes als Skifahren. „Da habe ich schon einmal das Mittagessen vergessen. Ich war nur am Skilift, runter, rauf, und wieder runter", erinnert er sich. Und wenn man was kann, dann macht es bekanntlich noch mehr Spaß. Wie alle Kinder im Schwarzwald baute sich auch Dieter Thoma eine kleine Schneeschanze und versuchte sich schon früh beim Skispringen. Sein Talent wurde erkannt, und aus dem einstigen Hobby wurde der Beruf. Eine weitere Leidenschaft ist schon seit langer Zeit der Computer. Angefangen hatte es mit einem C 64 Commodore, es folgten der Amiga und heute der Pentium-Rech-

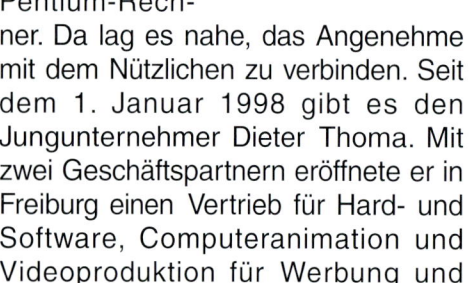

Seit September 1996 der absolute Mittelpunkt im Familienleben der Thomas:

ner. Da lag es nahe, das Angenehme mit dem Nützlichen zu verbinden. Seit dem 1. Januar 1998 gibt es den Jungunternehmer Dieter Thoma. Mit zwei Geschäftspartnern eröffnete er in Freiburg einen Vertrieb für Hard- und Software, Computeranimation und Videoproduktion für Werbung und Design. Läßt es die Zeit zu, dann widmet sich der Hinterzartener mit seinem „Spezi" und Springerkollegen Sven Hannawald dem Modellbau. „Alles, was fliegt, fasziniert mich", sagt Dieter Thoma. Doch eines darf man mit Fug und Recht behaupten: Das Modellfliegen beherrscht er noch längst nicht so gut wie

Sohn Nicolas-Maximilian selten so still wie hier.

das Skispringen. Denn nach ersten Flugversuchen traf ein Landwirt in seiner Scheune einen zerknirschten Dieter Thoma an, der gerade sein zerlegtes Flugzeug einsammelte.

Eine Faszination der besonderen Art entdeckten der Weitenjäger und Ehefrau Manuela bei einem gemeinsamen Urlaub auf den Malediven: „Mit dem Tauchen haben wir etwas gefunden, was uns beiden Spaß macht. Da schwimmen die Haie an dir vorbei, du siehst Dinge im Wasser, die man sich nie erträumt hätte, das war richtig toll."

Geduld, die fehlte Thoma zuweilen. Inzwischen ist der Feuerkopf ruhiger und besonnener geworden. Eine wesentliche Rolle in diesem Reifeprozeß spielt hier Ehefrau Manuela: „Sie sagt mir hin und wieder ihre Meinung und gibt mir Tips. Inzwischen habe ich gelernt, daß auch die Medien nur ihre Arbeit machen." Ausgerechnet bei einer Pressekonferenz lernten sich die beiden kennen, just zu einem Zeitpunkt, als es bei Thoma sportlich nicht sonderlich gut lief.

Bei Manuela und Söhnchen Nicolas-Maximilian findet Dieter Geborgenheit, wenn er vom Skispringen heimkehrt. Dann ist der Sport auch nicht das beherrschende Thema, stehen beispielsweise das Fieber des Sohnemanns oder eben andere Dinge im Vordergrund des familiären Beisammenseins.

Und dann blickt der Hinterzartener, gemütlich am Küchentisch sitzend, in die Zukunft. Am 1. Januar 2000 soll das Neujahrsskispringen um Mitternacht stattfinden. Und Dieter Thoma will pünktlich mit dem Glockenschlag um Null Uhr über den Bakken der großen Olympiaschanze fliegen. „Das wäre ein Traum, denn eine Jahrtausendwende als aktiver Sportler kann nicht jeder mitmachen", gibt der Skispringer seine Vision vom Jahreswechsel preis.

Dem Sport will er verbunden bleiben, aber den Trainer Dieter Thoma wird es nach eigenem Bekunden nicht geben. Da kann es sich der Olympiasieger schon eher vorstellen, nebenbei „Hausmann" zu sein, da Ehefrau Manuela später wieder in ihren Beruf als Journalistin zurückkehren möchte.

Joachim Hahne

Über Stock und jeden Stein

Am Windeckkopf begann die Sportkarriere des Dieter T.

Der international bekannte heilklimatische Kurort Hinterzarten im Schwarzwald hat trotz aller Erfordernisse des modernen Tourismus seinen dörflichen Charakter mit ländlichem Charme bewahrt. Der Schutz von Natur und Landschaft, von Fauna und Flora, zählte über Jahrzehnte hinweg zu den herausragenden Zielen der Kommunalpolitik. Inmitten dieser herrlichen Mittelgebirgsgegend mit ihren sanften Hängen und steilen Anstiegen, ausgedehnten Wäldern und weiten Wiesenflächen, naturbelassenen Bachläufen und einem herrlichen Klima, ist Dieter Thoma aufgewachsen. Auch als weitgereister Skisportler hat er stets eine starke Bindung zu seiner Heimat gespürt, er ist - das betont er immer wieder - gerne zu Hause. Die Großstadt mit all ihren Verlockungen und Angeboten kann ihn nur kurzfristig begeistern, leben möchte er im ländlichen Raum.

Die Gemarkung von Hinterzarten mit seinen knapp 2500 Einwohnern erstreckt sich zwischen Feldberg und Titisee, Breitnau und Kirchzarten. Das weitläufige Plateau zwischen 850 und 1200 Höhenmetern umfaßt 3336 Hektar, von de-

Unterwegs in der Heimat: Dieter Thoma.

nen zwei Drittel bewaldet sind. Die gesamte Fläche steht unter Landschaftsschutz. Ökologisch besonders sensible Teile wie das Hochmoor an der Ost-West-Wasserscheide nach Titisee,das Keßlermoor oder auch die Bisten stehen unter Naturschutz.

Ortsteile sind die Bruderhalde mit einem Uferanteil von 1,5 Kilometern am Titisee, Alpersbach über dem Höllental, der

Blick in die herrliche Landschaft des südlichen Schwarzwaldes.

Rinken am Fuße des Feldberggipfels sowie Rotwasser im Seebachtal. Auf den zwei Dutzend geschlossenen Hofgütern mit einer Größe zwischen 30 und 130 Hektar werden rund 600 Rinder sowie 70 Pferde gehalten. Kindergarten, eine Grund-, Haupt- und eine Werkrealschule sowie das Internats-Gymnasium „Birklehof" ermöglichen eine gute Ausbildung.

Der Ursprung von Hinterzarten liegt im Höllental. Als die Herzöge von Zähringen im 12. Jahrhundert die Urbarmachung des Waldgebiets zwischen Freiburg und Villingen vorantrieben, wollten sie zunächst mit einer neuen Straße lediglich für eine bessere Verbindung zwischen ihren Städten sorgen. Doch mit dem Wegebau begann auch die Besiedelung der Schlucht zwischen der Weißtannenhöhe im Norden und dem Windeckkopf im Süden. Die Bauernsöhne aus dem Breisgau, Nachkommen der 700 Jahre zuvor an den Oberrhein gezogenen Alemannen, nutzten die Gelegenheit. Sie wurden in dem engen und steinigen Tal seßhaft.

Bald verlangte die Bevölkerung nach

einer Kapelle. Es war im Jahre 1148, als der Bischof Hermann von Konstanz die schmucke und dem Heiligen Sankt Oswald als Schutzpatron gewidmete Kapelle einweihen konnte. Die St. Oswaldkapelle ist heute nicht nur der älteste sakrale Bau im Hochschwarzwald. Sie war auch der erste urkundlich erwähnte Nachweis für Leben in diesem Gebiet. Von hier aus begann die Besiedelung von Breitnau und Hinterzarten. Das kleine, unscheinbar wirkende Gotteshaus ist der Ursprung der beiden Nachbargemeinden auf „dem hohen Walde".

Eine besondere Bedeutung im Leben von Dieter Thoma kommt dem Hausberg von Hinterzarten, dem 1200 Meter hohen Windeckkopf zu. Sein Elternhaus lag nur 200 Meter tiefer am Fuße des steil ansteigenden Hügels, direkt an der Alpersbacher Straße. Noch heute wohnen Mutter Inge und Vater Franz Thoma im Gebäude „Windeck 14".

Von hier aus startete der kleine „Rotschopf" mit den lustigen Sommersprossen im Gesicht im frühen Kindesalter seine ersten Streifzüge. Gemeinsam mit dem Nachbarjungen Armin Wunderle führten sie ihn in die nähere Umgebung auf das Gelände der benachbarten landwirtschaftlichen Anwesen

„Scherzingerhof", „Kingenhof" und „Michelthomilishof". Später dehnten die beiden ihre Unternehmungen aus. Zu ihren Lieblingsbeschäftigungen gehörte der Versuch, in den klaren Bächen mit ihrem sauberen Wasser Forellen mit der Hand zu fangen.

In die Geheimnisse des richtigen Angelns weihte ihn Patenonkel Kurt Schwarz ein, der ihm auch eine erste Ausrüstung schenkte. Mit Vater Franz ging es häufig „in die Beeren und Pilze". Die bevorzugten Plätze lagen im Bereich Bisten und Alpersbach. Der idyllisch gelegene Mathisleweiher lud zwischendurch zum erholsamen Schwimmen ein. Schon damals war Dieter ein richtiger „Springinsfeld", er nutzte gerne Steine und Wurzeln für einen „Hopser", kletterte auf jeden erreichbaren Felsen, um dann mit einem Juchzer hinunter zu springen. Auch in den Wintermonaten kam bei ihm nie Langeweile auf, im Gegenteil. Er genoß das Treiben im Schnee, der bald sein bevorzugtes Element war.

Bereits als Zweijähriger bekam er sein erstes Paar Alpinski. Auf der Piste am Windeckkopf war Dieter oft morgens der erste und abends der letzte. Während die Eltern in ihrer „Skihütte-Thoma" neben der Talstation der täglichen Arbeit nachgingen, flitzte der Filius zum Erstaunen der Gäste mit hohem Tempo die Hänge hinunter. Besonders angetan hatten es ihm die vielen kleinen Buckel. Im „Schuß" fuhr er darauf zu, sprang ab und landete nach einigen Metern sicher auf beiden Beinen.

Bereits als Siebenjähriger hat er gemeinsam mit Vater Franz mit dem zielgerichteten Trainingsaufbau begonnen. Da kam ihm die abwechslungsreiche, schöne Mittelgebirgslandschaft entgegen. Hier fand er alle geländemäßigen Voraussetzungen für seine Übungen. Leichtes Traben auf ebenen Strecken

war ebenso möglich wie Bergsprints oder auch spezielle Sprungübungen. Das Gebiet zwischen Rinken und Wunderlehof, Mathisleweiher und Häuslebauernhof wurde zu seinem Revier, hier legte er im Laufe seiner Karriere tausende Kilometer zurück, kannte er bald jeden Stock und jeden Stein. Doch immer wieder fand er auch Zeit und Muße für Beobachtungen. Mal

Skifahren rund um Hinterzarten: Das machte schon

schaute er frühmorgens Rehen beim Äsen zu, mal in der Dämmerung, wie ein Fuchs dem verlockenden Duft einer Spur nachschnürte oder ein Wildschwein durchs Unterholz rumpelte.

Auch an der bunten Blumenwelt erfreute er sich gerne. Und war Dieter mal seelisch etwas aus dem Gleichgewicht geraten, zog er sich zuweilen in die heimatliche Natur zurück, tankte dort Ruhe und neue psychische Stärke für den Wettkampfstreß. Obwohl er gerne mit Gleichgesinnten zusammen ist, genießt er auch das Alleinsein, ohne sich deswegen einsam zu fühlen. In den letzten Jahren ergänzte er die Waldläufe durch Touren auf dem Mountainbike, die ihm einen noch größeren Radius erschlossen. Das ist so recht nach seinem Geschmack.   *Dieter Maurer*

in der Jugendzeit auch Dieter Thoma riesigen Spaß.

Hinterzarten und Dieter Thoma

Von Hansjörg Eckert, Bürgermeister von Hinterzarten

Hinterzarten und Dieter Thoma, das ist keine Geschichte, wie sie nur im Film vorkommt. Hinterzarten und Dieter Thoma, das ist die Geschichte, die das Leben schrieb. Das Leben eines zwischenzeitlich weltbekannten und großen Skispringers. Dieter Thoma trägt diesen Namen im wahrsten Sinne des Wortes weiter und weit in die ganze Welt hinaus. Er entstammt einer bodenständigen, sportbegeisterten Familie. Seine sportlichen Erfolge lesen sich wie ein

Der Sportstar und der Bürgermeister: Dieter Thoma und Hansjörg Eckert.

Buch der Rekorde. Zwischenzeitlich routiniert wie kein anderer, ist er der dienstälteste Weltklassespringer. Alle Höhen und Tiefen seines Sports hat er gefeiert und erlebt, er hat sie aber auch erlitten. Er ist ein ,,Stehauf-Mann", der sich durch nichts unterkriegen läßt. Er hat einen unbändigen Ehrgeiz, der ihn immer wieder zu Höchstleistungen beflügelt, der ihn aber auch manchmal hemmt, wenn er sich selbst zu viel vorgenommen hat. Er ist hartnäckig, er kann durchaus unbequem sein, auch mal fuchsteufelswild,

wenn er sich ungerecht behandelt fühlt. Er hat einen ausgeprägten Sinn für Gerechtigkeit und Ehrlichkeit.

Gerade dies sind Attribute, die im heutigen Sport immer mehr in den Hintergrund treten. Deshalb ist er ein großes sportliches Vorbild für die Jugend. Er wird von der Jugend auch als einer der Ihrigen gesehen und deshalb als Idol verehrt.

Schlagfertigkeit, Charme, Witz und Liebenswürdigkeit sind weitere Merkmale, die ihn so ungemein sympathisch machen. Er ist ein echter Schwarzwälder, der nicht sofort ins Schwärmen gerät, wenn sich etwas Neues anbietet. Seine Entscheidungen trifft er selten spontan. So war von Anfang an sein Vater nicht nur sein Trainer und Wegbegleiter, sondern auch der väterliche Freund und Manager, dessen Lebenserfahrung sich Dieter gerne zu eigen machte. Vom Elternhaus hat er mitbekommen, daß in der Familie die Ruhe, die Kraft und die Freude liegt. Aufgewachsen mit zwei Brüdern und zwei Schwestern war und ist die liebenswürdige Mutter Inge stets der fürsorgliche und ruhende Pol.

Nunmehr glücklich verheiratet mit seiner hübschen Frau Manuela eröffnete der kleine Sohn Nicolas-Maximilian den Familienreigen einer weiteren Thoma-Generation. Es ist schön, wenn Dieter immer wieder erklärt, daß der Sport ihm zwar wichtig, aber nicht mehr am wichtigsten ist. Seine junge Familie steht im Vordergrund. Auch hier ist seine vorbildliche menschliche Einstellung ablesbar. Was er früher intensiv mit seinen Eltern besprach, bespricht und diskutiert er nunmehr mit seiner Frau. Sie hält ihm in vielen Dingen den Rücken frei und ist

Blick auf Hinterzarten im Sommer und im Winter (siehe Bild auf der nächsten Seite).

eine intelligente Ratgeberin. Sie besitzt Menschenkenntnis und beweist Geschäftssinn. Dieter und Manuela sind nicht gleich, sie ergänzen sich deswegen aber prächtig.

Dieter Thoma ist schon jetzt einer der erfolgreichsten Skispringer der Welt. Seine Titel und Erfolge, eingebettet in alle Höhen und Tiefen einer Sportlerlaufbahn, werden in diesem Buch dargestellt und besonders bewertet. Er ist heute nicht nur der Aktivensprecher der Skispringer im Internationalen Skiverband, sondern auch Leitfigur im deutschen Team. Der mit den sportlichen Erfolgen gewonnenen Popularität stellt er sich täglich. Seine Freiräume für das Privatleben muß er sich ständig erkämpfen. Das ist der Preis einer über Jahre andauernden großartigen Leistung. Nicht immer ist er geduldig, wenn nötig läßt er seinen Emotionen auch einmal freien Lauf. Auf dem Schanzentisch explodiert er beim Absprung; nach der Landung manchmal auch, wenn der Sprung nicht so gelang wie er es wollte oder wenn Kampfrichter unverständliche

Noten geben. Mit Dieter Thoma wird die ,,never-ending-story" der Thomas positiv fortgeschrieben.

Dieter Thoma ist für seinen Heimatort Hinterzarten ein echter Glücksfall. Wir haben ihm viel zu danken. Die Imagewerbung, die er Jahr für Jahr für unseren Ort betreibt, ist mit Geld nicht aufzuwiegen. Viele beneiden uns um ihn. Wir sind deshalb besonders glücklich, daß er als ,,normaler Bürger" zwischenzeitlich in seinem Eigenheim bei uns wohnt und sich in unserer dörflichen Gemeinschaft sichtlich wohlfühlt. Hier hat seine Familie eine Heimat. Hier sollen sie sich immer wohlfühlen.

Wir alle hoffen, daß Dieter seine so überaus erfolgreiche Karriere noch einige Jahre in guter Gesundheit fortsetzen kann, um sich danach neuen Aufgaben zu widmen. Wir wünschen, daß diese Familiengeschichte auch in den nächsten Generationen erfolgreich fortgeschrieben werden kann. Dieter Thoma ist mit seiner Familie ein gutes Stück Hinterzarten. Wir sind dankbar und stolz, daß wir ihn haben!

Der Blick voraus

Dieter Thoma, die Zeit nach dem Sport und die Firma „Unlimited"

Natürlich ist es Dieter Thoma klar, daß er nicht ewig seinen Lebensunterhalt als Skispringer verdienen kann, daß einmal der Zeitpunkt kommen wird, an dem er voll in das Leben nach dem Sport einsteigen muß. Er will zwar noch einige Jahre Hochleistungssport betreiben, aber für das „Nachher" hat er bereits konkrete Weichen gestellt. Er weiß um seine Verantwortung gegenüber der Familie, und hat genug gehört, gelesen und gesehen über Sportler, die am Ende ihrer Karriere vor dem Nichts standen, weil sie ihr hart erkämpftes Geld in verlockende Projekte gesteckt und schließlich bei manch dubiosen Geschäften verloren hatten. Wie der Vater ist auch Dieter selbst genau so achtsam bei der Wahl seiner Partner. Was er auch plant und unternimmt, die Seriosität muß gewährleistet sein. So sehr er als Sportler und Springer das Risiko suchen muß und es auch bewußt und abschätzend eingeht, so gerne er voll auf Angriff springt, so sehr versucht er, das Risiko zu kalkulieren. Gut, er hat sein schmuckes Haus und er hat von seinen Preisgeldern, die er ersprungen hat, etwas auf der hohen Kante. Und er hat eine abgeschlossene Lehre als Einzelhandels-Kaufmann und sich erste Kenntnisse in der Versicherungsbranche angeeignet.

Damit allein ist er jedoch nicht zufrieden. Dieter verbindet seine erworbenen kaufmännischen Kenntnisse mit seinem Hobby (Computergraphik und -animation). Mit zwei Computerspezialisten hat er am 1. Januar 1998 in Freiburg die Firma UNLIMITED gegründet. Dieses Unternehmen hat sich spezialisiert auf den Vertrieb von Hochleistungs-Netzwerkservern, Graphic Workstations und High-End-Software für 3D-Animationen, Videoediting und Computergraphik. Außerdem übernimmt UNLIMITED die Konzeption, Organisation und Umsetzung von TV-Commercials und Musik-Videoclips. Um auch in der Firma Höchstleistungen zu garantieren, haben Dieter und seine beiden Geschäftspartner hochqualifizierte Spezialisten aus den oben genannten Bereichen verpflichtet. Und auch die Handelspartner von UNLIMITED sind Unternehmen, die sich durch Progressivität und

Die Visitenkarte des Unternehmers Dieter Thoma.

hohe Kompetenz auszeichnen. Dieter Thoma sieht seine Aufgabe vorrangig darin, die Firma im Sales-Bereich zu unterstützen. Dieses zukunftsorientierte Unternehmen sichert ihm eine zweite Karriere, wenn er die Sprungski eines Tages in die Ecke stellt und seine Erfahrungen an den Nachwuchs weitergibt. Vielleicht sogar an Sohn Nicolas.

Werner Kirchhofer

Kapitel 11

68 Wettbewerbe, 29 Medaillen für deutsche Sportler(innen), darunter die Silberne für Dieter Thoma und das deutsche Springerteam. Für Deutschland waren die Olympischen Winterspiele von Nagano die erfolgreichsten aller Zeiten. Alle Medaillengewinner und alle Plazierungen deutscher Sportler(innen) auf einen Blick, dazu der aktuelle und ewige Medaillenspiegel.

Nagano 1998

Medaillengewinner und deutsche Plazierungen

BIATHLON

Herren, 10 km:
Gold: Ole Einar Björndalen (Norwegen)
Silber: Frode Andresen (Norwegen)
Bronze: Ville Raikkonen (Finnland)
7.:   Frank Luck (Oberhof)
17.:   Ricco Groß (Ruhpolding)
29.:   Sven Fischer (Oberhof)
34.:   Carsten Heymann (Altenberg)

Herren, 20 km:
Gold: Halvard Hanevold (Norwegen)
Silber: Pieralberto Carrara (Italien)
Bronze: Alexej Aidarow (Weißrußland)
6.:   Ricco Groß (Ruhpolding)
8.:   Peter Sendel (Oberhof)
16.:   Sven Fischer (Oberhof)
32.:   Jan Wüstenfeld (Leverkusen)

Herren, 4x7,5 km:
Gold: Deutschland (Ricco Gross/
          Ruhpolding, Peter Sendel, Sven
          Fischer, Frank Luck/alle Oberhof)
Silber: Norwegen (Egil Gjelland, Halvard
          Hanevold, Dag Björndalen, Ole
          Björndalen)
Bronze: Rußland (Pawel Muslimow,
          Wladimir Dratschew, Sergej
          Tarassow, Victor Maigurow)

Damen, 7,5 km:
Gold: Galina Kuklewa (Rußland)
Silber: Uschi Disl (Moosham)
Bronze: Katrin Apel (Oberhof)
16.:   Petra Behle (Wilingen)
30.:   Martina Zellner (Hammer)

Damen, 15 km:
Gold: Jekaterina Dafowska (Bulgarien)
Silber: Jelena Petrowa (Ukraine)
Bronze: Uschi Disl (Moosham)
10.:   Martina Zellner (Hammer)

27.:   Petra Behle (Willingen)
39.:   Katja Beer (Altenberg)

Damen, 4x7,5 km:
Gold: Deutschland (Uschi Disl/Moosham,
          Martina Zellner/Hammer, Katrin
          Apel/Oberhof, Petra Behle)
Silber: Rußland (Olga Melnik, Galina
          Kuklewa, Albina Achatowa, Olga
          Romasko)
Bronze: Norwegen (Ann-Elen Sjkjelbreid,
          Annette Sikveland, Gunn Andreas-
          sen, Liv Skjelbreid)

BOB

Zweierbob:
Gold: Günther Huber/Antonio Tartaglia
          (Italien) und Pierre Lueders/David
          MacEachern (Kanada)
Bronze: Christoph Langen/Markus Zimmer
          mann (Unterhaching)
11.:   Dirk Wiese/Marco Jakobs
          (Winterberg)

Viererbob:
Gold: Deutschland II (Christoph Langen,
          Markus Zimmermann, Olaf
          Hampel/alle Unterhaching, Marco
          Jakobs/Winterberg)
Silber: Schweiz I (Marcel Rohner, Markus
          Nüssli, Markus Wasser, Beat Seitz)
Bronze: Großbritannien I (Sean Olsson,
          Dean Ward, Courtney Rumbolt,
          Paul Attwood)
8.:   Deutschland I (Harald Czudaj,
          Steffen Görmer, Alexander Szelig/
          alle Riesa, Torsten Voss/Uerdingen)

CURLING

Herren:
Gold: Schweiz (Hürlimann/Lörtscher/
          Müller/Perren/Andres)

Silber: Kanada (Harris/Hart/Mitchell/
Kattys/Savage)
Bronze: Norwegen (Ramsfjell/Thoresen/
Gunnestad/Grimsmo/Thorvbraaten)
8.: Deutschland (Andreas Kapp, Ulli
Kapp, Oliver Axnick, Holger Höhne,
Michael Schäffer/alle Füssen)

Damen:
Gold: Kanada (Schmirler/Betker/Mc
Cusker/Gudereit/Ford)
Silber: Dänemark (Lavrsen/Pörtner/Holm/
Qvist/Bidstrup)
Bronze: Schweden (Gustafson/Nyberg/
Marmont/Persson/Lindahl)
8.: Deutschland (Schöpp, Wagner,
Nessler, Meidele/alle Riessersee,
Wieländer/Schwenningen)

EISHOCKEY
Männer:
Gold: Tschechien
Silber: Rußland
Bronze: Finnland
9.: Deutschland

Frauen:
Gold: USA
Silber: Kanada
Bronze: Finnland

EISKUNSTLAUF
Herren:
Gold: Ilja Kulik (Rußland)
Silber: Elvis Stojko (Kanada)
Bronze: Philippe Candeloro (Frankreich)

Damen:
Gold: Tara Lipinski (USA)
Silber: Michelle Kwan (USA)
Bronze: Lu Chen (China)

Paarlauf:
Gold: Kasakowa/Dimitriew (Rußland)
Silber: Bereschnaja/Sicharulidse (Rußland)
Bronze: Wötzel/Steuer (Chemnitz)
9.: Schwarz/Müller (Berlin)

Eistanz:
Gold: Gritschuk/Platow (Rußland)
Silber: Krylowa/Owsijannikow (Rußland)
Bronze: Anissina/Peizerat (Frankreich)
10.: Winkler/Lohse (Berlin)

EISSCHNELLAUF
Herren, 500 m:
Gold: Hiroyasu Shimizu (Japan)
Silber: Jeremy Wotherspoon (Kanada)
Bronze: Kevin Overland (Kanada)
11.: Michael Künzel (Berlin)
19.: Christian Breuer (Grefrath)
Peter Adeberg (Berlin)
ausgeschieden

Herren, 1.000 m:
Gold: Ids Postma (Niederlande)
Silber: Jan Bos (Niederlande)
Bronze: Hiroyasu Shimizu (Japan)
9.: Peter Adeberg (Berlin)
16.: Christian Breuer (Grefrath)

Herren, 1.500 m:
Gold: Adne Söndral (Norwegen)
Silber: Ids Postma (Niederlande)
Bronze: Rintje Ritsma (Niederlande)
9.: Christian Breuer (Grefrath)
13.: Peter Adeberg (Berlin)
33.: Frank Dittrich (Chemnitz)
38.: Rene Taubenrauch (Erfurt)

Herren, 5.000 m:
Gold: Gianni Romme (Niederlande)
Silber: Rintje Ritsma (Niederlande)
Bronze: Bart Veldkamp (Belgien)
5.: Frank Dittrich (Chemnitz)
6.: Rene Taubenrauch (Erfurt)

Herren, 10.000 m:
Gold: Gianni Romme (Niederlande)
Silber: Bob de Jong (Niederlande)
Bronze: Rintje Ritsma (Niederlande)
6.: Frank Dittrich (Chemnitz)
10.: Alexander Baumgärtel (Berlin)
11.: Rene Taubenrauch (Erfurt)

Damen, 500 m:
Gold: Catriona LeMay-Doan (Kanada)
Silber: Susan Auch (Kanada)
Bronze: Tomomi Okazaki (Japan)
4.:   Franziska Schenk (Erfurt)
7.:   Sabine Völker (Erfurt)
8.:   Monique Garbrecht (Berlin)
15.:   Anke Baier-Loef (Erfurt)

Damen, 1.000 m:
Gold: Marianne Timmer (Niederlande)
Silber: Christine Witty (USA)
Bronze: Catriona LeMay-Doan (Kanada)
4.:   Sabine Völker (Erfurt)
10.:   Monique Garbrecht (Berlin)
16.:   Anke Baier-Loef (Erfurt)
         Franziska Schenk (Erfurt) ausg.

Damen, 1.500 m:
Gold: Marianne Timmer (Niederlande)
Silber: Gunda Niemann-Stirnemann (Erfurt)
Bronze: Christine Witty (USA)
5.:   Anni Friesinger (Inzell)
7.:   Claudia Pechstein (Berlin)

Damen, 3.000 m:
Gold: Gunda Niemann-Stirnemann (Erfurt)
Silber: Claudia Pechstein (Berlin)
Bronze: Anni Friesinger (Inzell)

Damen, 5.000 m:
Gold: Claudia Pechstein (Berlin)
Silber: Gunda Niemann-Stirnemann (Erfurt)
Bronze: Ludmila Prokaschewa (Kasachstan)
14.:   Heike Warnicke (Erfurt)

Gunda Niemann-Stirnemann: Sieg über 3000 Meter.

SHORT TRACK

Herren, 500 m:
Gold: Takafumi Nishitani (Japan)
Silber: Yulong An (China)
Bronze: Hitoshi Uematsu (Japan)
23.:   Arian Nachbar (Rostock)

Herren, 1.000 m:
Gold: Kim Dong-Sung (Südkorea)
Silber: Li Jiajun (China)
Bronze: Eric Bedard (Kanada)
19.:   Arian Nachbar (Rostock)

Herren, 5.000-m-Staffel:
Gold: Kanada (Eric Bedard, Derrick
         Campbell, Francois Drolet,
         Marc Gagnon)
Silber: Südkorea (Dong-Sung Kim, Ho-Eung
         Lee, Jun-Hwan Lee, Ji-Hoon Chae)
Bronze: China (Yulong An, Ye Yuan, Kai
         Feng, Jiajun Li)

Damen, 500 m:
Gold: Annie Perrault (Kanada)
Silber: Yang Yang (B) (China)
Bronze: Lee-Kyung Chun (Südkorea)
         Yvonne Kunze (Dresden) ausg.
         Susanne Busch (Erfurt) ausg.

Damen, 1.000 m:
Gold: Lee-Kyung Chun (Südkorea)
Silber: Yang Yang (B) (China)
Bronze: Hye-Kyung Won (Südkorea)
20.:   Susanne Busch (Erfurt)
24.:   Yvonne Kunze (Dresden)

Damen, 3.000-m-Staffel:
Gold: Südkorea (An Sang-Mi, Lee-Kyong
         Chun, Yun-Mi Kim, Hye-Kyung-Won)
Silber: China (Dandan Sun, Chunlu Wang,
         Yang Yang (A), Yang Yang (B))
Bronze: Kanada (Christine Boudrias,
         Isabelle Charest, Annie Perrault,
         Tania Vincent)
8.:   Deutschland (Yvonne Kunze/Dres
         den, Susanne Busch/Erfurt, Katrin
         Weber, Anne Eckner/beide Rostock)

RODELN

Herren, Einsitzer:
Gold: Georg Hackl (Berchtesgaden)
Silber: Armin Zöggeler (Italien)
Bronze: Jens Müller (Oberhof)
12.:   Karsten Albert (Oberhof)

Herren, Doppelsitzer:
Gold: Stefan Krauße/Jan Behrendt (Oberhof)
Silber: Chris Thorpe/Gordy Sheer (USA)
Bronze: Mark Grimmette/Brian Martin (USA)
8.:   Steffen Skel/Steffen Wöller (Winterberg)

Damen, Einsitzer:
Gold: Silke Kraushaar (Oberhof)
Silber: Barbara Niedernhuber (Königssee)
Bronze: Angelika Neuner (Österreich)
4.:   Susi Erdmann (Unterhaching)

SKI ALPIN

Herren, Slalom:
Gold: Hans-Petter Buraas (Norwegen)
Silber: Ole Christian Furuseth (Norwegen)
Bronze: Thomas Sykora (Österreich)
         Markus Eberle (Kleinwalsertal) ausg.

Riesenslalom:
Gold: Hermann Maier (Österreich)
Silber: Stefan Eberharter (Österreich)
Bronze: Michael von Grünigen (Schweiz)
         Markus Eberle (Kleinwalsertal) ausg.

Herren, Super G:
Gold: Hermann Maier (Österreich)
Silber: Didier Cuche (Schweiz)
Silber: Hans Knauss (Österreich)

Herren, Abfahrt:
Gold: Jean-Luc Cretier (Frankreich)
Silber: Lasse Kjus (Norwegen)
Bronze: Hannes Trinkl (Österreich)

Herren, Kombination:
Gold: Mario Reiter (Österreich)
Silber: Lasse Kjus (Norwegen)
Bronze: Christian Mayer (Österreich)

Damen, Slalom:
Gold: Hilde Gerg (Lenggries)
Silber: Deborah Compagnoni (Italien)
Bronze: Zali Stegall (Australien)
4.:   Martina Ertl (Lenggries)
9.:   Monika Bergmann (Lam)

Riesenslalom:
Gold: Deborah Compagnoni (Italien)
Silber: Alexandra Meißnitzer (Österreich)
Bronze: Katja Seizinger (Halblech)
4.:   Martina Ertl (Lenggries)
13.:   Hilde Gerg (Lenggries)
30.:   Regina Häusl (Bad Reichenhall)

Damen, Super-G:
Gold: Picabo Street (USA)
Silber: Michaela Dorfmeister (Österreich)
Bronze: Alexandra Meißnitzer (Österreich)
4.: Regina Häusl (Bad Reichenhall)
6.: Katja Seizinger (Halblech)
7.: Martina Ertl (Lenggries)
10.: Hilde Gerg (Lenggries)

Damen, Abfahrt:
Gold: Katja Seizinger (Halblech)
Silber: Pernilla Wiberg (Schweden)
Bronze: Florence Masnada (Frankreich)
9.: Kathrin Gutensohn (Oberaudorf)
und Hilde Gerg (Lenggries)
Regina Häusl (Bad Reichenhall) ausg.

Damen, Kombination:
Gold: Katja Seizinger (Halblech)
Silber: Martina Ertl (Lenggries)
Bronze: Hilde Gerg (Lenggries)
12.: Monika Bergmann (Lam)

FREESTYLE

Männer, Buckelpiste:
Gold: Jonny Moseley (USA)
Silber: Janne Lahtela (Finnland)
Bronze: Sami Mustonen (Finnland)

Männer, Springen:
Gold: Eric Bergoust (USA)
Silber: Sebastien Foucras (Frankreich)
Bronze: Dmitri Daschschinski (Weißrußland)

Frauen, Buckelpiste:
Gold: Tae Satoya (Japan)
Silber: Tatjana Mittermayer (Aschau)
Bronze: Kari Traa (Norwegen)
9.: Sandra Schmitt (Mörfelden)
11.: Gabriele Rauscher (Meidelstetten)

Damen, Springen:
Gold: Nikki Stone (USA)
Silber: Xu Nannan (China)
Bronze: Colette Brand (Schweiz)

Katja Seizinger - die überragende alpine Skirennläuferin der Olympischen Spiele von Nagano.

SKI NORDISCH

Herren, 10 km (klassisch):
Gold: Björn Dählie (Norwegen)
Silber: Markus Gandler (Österreich)
Bronze: Mika Myllylä (Finnland)
16.:   Andreas Schlütter (O'weißenbrunn)
27.:   Johann Mühlegg (Garmisch)
38.:   Rene Sommerfeldt (O'weißenbrunn)
40.:   Jochen Behle (Willingen)

Herren, 15 km Jagdrennen (Freistil):
Gold: Thomas Alsgaard (Norwegen)
Silber: Björn Dählie (Norwegen)
Bronze: Wladimir Smirnow (Kasachstan)
12.:   Andreas Schlütter (O'weißenbrunn)
17.:   Johann Mühlegg (Garmisch)
29.:   Rene Sommerfeldt (O'weißenbrunn)

Herren, 30 km (klassisch):
Gold: Mika Myllylä (Finnland)
Silber: Erling Jevne (Norwegen)
Bronze: Silvio Fauner (Italien)
21.:   Andreas Schlütter (Oberweißenbrunn)
57.:   Torald Rein (Altenau)
            Jochen Behle (Willingen) aufgegeben

Herren, 50 km (Freistil):
Gold: Björn Dählie (Norwegen)
Silber: Niklas Jonsson (Schweden)
Bronze: Christian Hoffmann (Österreich)
7.:   Johan Mühlegg (Garmisch)
26.:   Rene Sommerfeldt (O'weißenbrunn)
36.:   Andreas Schlütter (O'weißenbrunn)

Herren, 4x10-km-Staffel:
Gold: Norwegen (Sture Sivertsen, Erling
            Jevne, Björn Dählie, Thomas
            Alsgaard)
Silber: Italien (Marco Alborello, Fulvio
            Valbusa, Fabio Maj, Silvio Fauner)
Bronze: Finnland (Harri Kirvesniemi, Mika
            Myllylä, Sami Repo, Jari Isometsä)
8.:   Deutschland (Andreas Schlütter/
            Oberweißenbrunn, Jochen Behle/
            Willingen, Rene Sommerfeldt/
            Oberweißenbrunn, Johann
            Mühlegg/Garmisch)

Damen, 5 km (klassisch):
Gold: Larissa Lasutina (Rußland)
Silber: Katerina Neumannova (Tschechien)
Bronze: Bente Martinsen (Norwegen)
26.:   Kati Wilhelm (Zella-Mehlis)
30.:   Constanze Blum (Zella-Mehlis)
37.:   Anke Schulze (Willingen)
38.:   Sigrid Wille (Maierhöfen)

Damen, 10 km (Freistil):
Gold: Larissa Lasutina (Rußland)
Silber: Olga Danilowa (Rußland)
Bronze: Katerina Neumannova (Tschechien)
26.:   Constanze Blum (Zella-Mehlis)
31.:   Anke Schulze (Willingen)
32.:   Kati Wilhelm (Zella-Mehlis)
54.:   Sigrid Wille (Maierhöfen)

Damen, 15 km (klassisch):
Gold: Olga Danilowa (Rußland)
Silber: Larissa Lasutina (Rußland)
Bronze: Anita Moen-Guidon (Norwegen)
21.:   Constanze Blum (Zella-Mehlis)
28.:   Sigrid Wille (Maierhöfen)
36.:   Manuela Henkel (Oberhof)
38.:   Anke Schulze (Willingen)

Damen, 30 km (Freistil):
Gold: Julia Tschepalowa (Rußland
Silber: Stefania Belmondo (Italien)
Bronze: Larissa Lasutina (Rußland)
16.:   Kati Wilhelm (Zella-Mehlis)
26.:   Anke Schulze (Willingen)
31.:   Constanze Blum (Zella-Mehlis)

Damen, 4x5-km-Staffel:
Gold: Rußland (Gawriljuk, Danilowa,
            Wälbe, Lasutina)
Silber: Norwegen (Martinsen, Mikkelsplass,
            Nilsen, Moen-Guidon)
Bronze: Italien (Morode, Paruzzi, Di Centa,
            Belmondo)
5.:   Deutschland (Kati Wilhelm/Zella-
            Mehlis, Manuela Henkel/Oberhof,
            Constanze Blum/Zella-Mehlis,
            Anke Schulze/Willingen)

SKISPRINGEN

90-m-Schanze:
Gold: Jani Soininen (Finnland)
Silber: Kazuyoshi Funaki (Japan)
Bronze: Andreas Widhölzl (Österreich)
13.: Dieter Thoma (Hinterzarten)
14.: Sven Hannawald (Hinterzarten)
17.: Hansjörg Jäkle (Schonach)
19.: Martin Schmitt (Furtwangen)

120-m-Schanze:
Gold: Kazuyoshi Funaki (Japan)
Silber: Jani Soininen (Finnland)
Bronze: Masahiko Harada (Japan)
12.: Dieter Thoma (Hinterzarten)
14.: Martin Schmitt (Furtwangen)
48.: Sven Hannawald (Hinterzarten)
57.: Hansjörg Jäkle (Schonach)

Mannschaft (120-m-Schanze):
Gold: Japan (Takanobu Okabe, Hiroya Saitoh, Masahiko Harada, Kazuyoshi Funaki)
Silber: Deutschland (Sven Hannawald/Hinterzarten, Martin Schmitt/Furt-wangen, Hansjörg Jäkle/Schon-ach, Dieter Thoma/Hinterzarten)
Bronze: Österreich (Reinhard Schwarzen-berger, Martin Höllwarth, Stefan Horngacher, Andreas Widhölzl)

NORDISCHE KOMBINATION

Einzel:
Gold: Bjarte Engen Vik (Norwegen)
Silber: Samppa Lajunen (Finnland)
Bronze: Waleri Stoljarow (Rußland)
12.: Ronny Ackermann (Oberhof)
13.: Jens Deimel (Winterberg)

Mannschaft:
Gold: Norwegen (Halldor Skard, Kenneth Braaten, Bjarte Engen Vik, Fred Börre Lundberg)
Silber: Finnland (Lajunen, Mantila, Nurmela, Manninen)
Bronze: Frankreich (Sylvain Guillaume, Nicolas Bal, Ludovic Roux, Fabrice Guy)

6.: Deutschland (Matthias Looß/Klingenthal, Ronny Ackermann/Oberhof, Thorsten Schmitt/Furt wangen, Jens Deimel/Winterberg)

SNOWBOARD

Herren, Riesenslalom:
Gold: Ross Rebagliati (Kanada)
Silber: Thomas Prugger (Italien)
Bronze: Ueli Kestenholz (Schweiz)
14.: Dieter Moherndl (Rosenheim)
Bernd Kroschewski (Salem) ausg.

Herren, Halfpipe:
Gold: Gian Simmen (Schweiz)
Silber: Daniel Franck (Norwegen)
Bronze: Ross Powers (USA)
Xaver Hoffmann (München) ausg.

Gold im „Heimspiel": Kazuyoshi Funaki war auf der Großschanze von niemandem zu schlagen.

Damen, Riesenslalom:
Gold: Karine Ruby (Frankreich)
Silber: Heidi Renoth (Rosenheim)
Bronze: Brigitte Köck (Österreich)
9.: Sandra Farmand (Wuppertal)
Burgl Heckmair (Bayrischzell) ausg.

Damen, Halfpipe:
Gold: Nicola Thost (Pforzheim)
Silber: Stine Kjeldaas (Norwegen)
Bronze: Shannon Dunn (USA)
S. Wehr-Hasler (Offenbach) ausg.
Sandra Farmand (Wuppertal) ausg.

Medaillen-Spiegel von Nagano

	Gold	Silber	Bronze		Gold	Silber	Bronze
1. Deutschland	12	9	8	15. Bulgarien	1	0	0
2. Norwegen	10	10	5	16. China	0	6	2
3. Rußland	9	6	3	17. Schweden	0	2	1
4. Kanada	6	5	4	18. Ukraine	0	1	0
5. USA	6	3	4	Dänemark	0	1	0
6. Niederlande	5	4	2	20. Weißrußland	0	0	2
7. Japan	5	1	4	Kasachstan	0	0	2
8. Österreich	3	5	9	22. Belgien	0	0	1
9. Südkorea	3	1	2	Australien	0	0	1
10. Italien	2	6	2	Großbritannien	0	0	1
11. Finnland	2	4	6				
12. Schweiz	2	2	3				
13. Frankreich	2	1	5				
14. Tschechien	1	1	1				

Hinweis: Im Zweierbob wurden zwei Gold- und eine Bronzemedaille vergeben; im Viererbob wurden zwei Bronzemedaillen vergeben; im Super-G der Herren wurden zwei Silbermedaillen vergeben.

Medaillen-Spiegel aller Winterspiele

	Gold	Silber	Bronze		Gold	Silber	Bronze
1. Rußland	108	77	74	21. Ukraine	1	1	1
(davon UdSSR/GUS 1956-1992)	87	63	67	22. Spanien	1	-	2
2. Deutschland	96	88	80	23. Bulgarien	1	-	1
(davon DDR 1956-1988)	43	39	36	24. Usbekistan	1	-	-
3. Norwegen	88	87	69	25. China	-	10	4
4. USA	59	59	40	26. Jugoslawien	-	3	1
5. Österreich	39	53	53	27. Ungarn	-	2	4
6. Schweden	39	28	36	28. Weißrußland	-	2	2
7. Finnland	38	49	48	29. Luxemburg	-	2	-
8. Schweiz	29	31	32	30. Nordkorea	-	1	1
9. Italien	27	27	23	31. Neuseeland	-	1	-
10. Kanada	26	25	29	Dänemark	-	1	-
11. Niederlande	19	23	19	33. Slowenien	-	-	3
12. Frankreich	18	17	26	34. Australien	-	-	2
13. Südkorea	9	3	4	35. Rumänien	-	-	1
14. Japan	8	9	12				
15. Großbritannien	7	4	13		622	618	608
16. Tschechien	3	9	16				
(bis 1992 CSFR)							
17. Liechtenstein	2	2	5				
18. Kasachstan	1	2	2				
19. Belgien	1	1	3				
20. Polen	1	1	2				

Hinweis: In der Statistik sind die Eiskunstlauf- und Eishockey-Medaillen der Sommerspiele 1908 und 1920 (je vier Wettbewerbe) enthalten. Insgesamt wurden 614 Wintersport-Wettbewerbe bei Olympischen Spielen ausgetragen. Die unterschiedlichen Zahlen bei Gold-, Silber- und Bronzemedaillen ergeben sich daraus, daß mehrmals gleiche Plätze erreicht wurden.

Im Verlag wero press außerdem erschienen:

Verletzt...was tun?
Dr. Hans-Wilhelm Müller-Wohlfahrt/Hans Jürgen Montag
Auf 164 Seiten und in 44 Kapiteln geben die bekannten Autoren Aufklärung und Tips für die Selbsthilfe bei Sportverletzungen. Mit einem Vorwort von Franz Beckenbauer.
DM 24.90   ISBN 3-9805310-0-7

Der Trainer...oder die andere Seite des Fußballs
Frank Nägele
Mitreißender Roman aus dem Leben eines Fußballtrainers. Voller Intrigen und mieser Machenschaften. Der Sportjournalist Frank Nägele schildert auf 224 Seiten die Geschichte des Profitrainers Conny Hauser, der im Haifischbecken 1.Liga Zielscheibe einer Erpressung wird.
DM 29.80   ISBN 3-9805310-2-3

Stuttgart kommt...Der VfB
Oskar Beck, Martin Hägele, Ludger Schulze
Mit diesem Buch ist den bundesweit bekannten Autoren eines der besten Sportbücher der vergangenen Jahre gelungen - so die Fachpresse. Auf 224 Seiten Lesegenuß pur, hervorragende Fotos, attraktives Großformat. Ein Buch, nicht nur für den VfB-Fan, sondern für jeden Fußballfreund.
39.80 DM   ISBN 3-9805310-6-6

Das Kapital der Trainer
Christoph Ebner, Edi Hirt
Hochwertiges, in Kunstleder gebundenes Arbeitshandbuch für Fußballtrainer jeder Leistungsstufe. Rund 400 Seiten. Mit einer besonderen Empfehlung von Bundestrainer Berti Vogts.
Maße 22x27 Zentimeter, DIN A 5, ringgebunden. Das ideale Geschenk für den engagierten Trainer.
DM 99.90   ISBN 3-9805310-1-5

Rosita und Storch Adebar
Uta Kneisel
Kinderbuch der feinen Art. 80 Seiten mit 40 Aquarellen bebilderte Erzählung über die Reise des Storches Adebar mit seiner Freundin Rosita in den Süden. Auch in deutsch-englisch, deutsch-französisch und deutsch-spanisch erhältlich.
DM 34.50   ISBN   deutsche Ausgabe   3-9805310-3-1   deutsch-französische Ausgabe 3-9805310-7-4
                    deutsch-englische Ausgabe 3-9805310-8-2   deutsch-spanische Ausgabe   3-9805310-9-0

Antiquariat (direkt beim Verlag zu bestellen, Preis zzgl. Verpackung und Porto)

FC Bayern-Karikaturen-Kalender 1998 - der FC Bayern ganz anders
Bert Kohl
Hochwertiger Kalender mit den anderen Portraits der Bayern-Profis und Funktionäre.
Geringe Restbestände
DM 9.80

Die blaue Stunde
Peter Küchler
Hochwertiger Fotokalender mit Motiven aus Südbaden. Fotografiert in den Stunden zwischen Tag und Nacht.
DM 7.80

Phänomen Freiburg II - eine unendliche Geschichte
Robert Kauer (Hrsg.)
224 Seiten, die Rettung in der ersten Saison der Fußball-Bundesliga, tolle Fotos.
DM 12.80

Phänomen Freiburg III - Mitten in Europa
Robert Kauer (Hrsg.)
224 Seiten, viele excellente Fotos, Geschichten über die erfolgreichste Saison des SC Freiburg.
DM 12.80

SC-Comic, Buntesliga-Ballerlei
Die Erfolgssaison 1994/95 des SC Freiburg auf mehr als 100 Seiten als Comic. Großformat.
DM 7.80

Verlag wero press
Steinbruchweg 22
79292 Pfaffenweiler
Tel.: 07664/600015
Fax: 07664/8574
E-mail:
wero.press@T-online.de